Werner Lachmann (Hrsg.)

Umwelt – Wirtschaft – Ethik

Werner Lachmann (Hrsg.)

Umwelt – Wirtschaft – Ethik

Die ökologische Herausforderung
aus wirtschaftlicher und
ethischer Sicht

Brendow Buch Kunst Verlag

Die Deutsche Bibliothek – CIP-Einheitsaufnahme
Umwelt – Wirtschaft – Ethik : die ökologische Herausforderung aus wirtschaftlicher und ethischer Sicht / Werner Lachmann (Hrsg.). –
Moers : Brendow, 1993
(Edition C : C ; 399)
ISBN 3-87067-532-2
NE: Lachmann, Werner [Hrsg.]; Edition C / C

ISBN 3-87067-532-2
Edition C, Reihe C 399

Einbandgestaltung: Büro für Gestaltung init, Bielefeld
Printed in Germany

INHALT

VORWORT

Ökologische Herausforderungen aus wirtschaftlicher und ethischer Sicht

Das Thema Ökologie ist seit einigen Jahren in aller Munde, und es gewinnt immer mehr an Aktualität. Dabei wird auch die ethische Sicht der Umweltprobleme keineswegs vernachlässigt. Oftmals vermißt man aber in den Diskussionen eine detaillierte Ursachenanalyse. Hinweise zur Beantwortung der vielen Fragen im Hinblick auf ökologische Probleme bleiben häufig beim Moralisieren stehen, anstatt fundierte Hilfen für die Zukunft zu geben. Reine Moralappelle führen aber in den wenigsten Fällen weiter, zumal sie dazu tendieren, die wirtschaftlichen Aspekte der Thematik zu vernachlässigen.

Dieser Tagungsband beleuchtet nun die anstehenden Fragen sowohl aus wirtschaftlicher als auch aus ethischer Sicht. Die hier abgedruckten Referate wurden anläßlich einer GWE-Tagung vom 29.10. – 01.11.1992 auf Gut Holmecke in Hemer/Sauerland gehalten und diskutiert.

Silke Brohl referiert über das Beziehungsgeflecht zwischen Ökonomie und Ökologie, Daten zur Umweltbelastung, Ursachenerklärung und umweltethische Aspekte. Dabei zeigt sie drei Kategorien von Ursachenerklärungen auf: entwicklungsbedingte, sozio-ökonomische und wirtschaftssystembegründete Ursachen. Daneben ist vor allem die mangelnde Umweltethik relevant, die dazu führt, daß individuelle Ziele ohne Berücksichtigung der gesellschaftlichen Erfordernisse verfolgt werden.

Peter Schneider fordert einen ökologisch orientierten Umbau des deutschen Steuersystems. Die bisherige Umweltschutzpolitik berücksichtigt das Verursacherprinzip zu wenig und setzt keine Anreize, den Umweltschutz über bestehende Vorschriften hinweg noch auszudehnen. Umweltsteuern dagegen, etwa Energiesteuern, setzen auf effiziente Weise Anreize zum Umweltschutz. Zusätzlich können die Einnahmen aus diesen Steuern zur Senkung anderer Abgaben eingesetzt werden, so daß die Abgabenquote insgesamt gleich bleibt.

Marco Steih gibt einen Überblick über die Strategien des Umweltmanagements, die Unternehmen verfolgen können. Defensive Strategien sehen den Umweltschutz als Begrenzung für unternehmerisches Handeln, während offensive Strategien ökonomische und ökologische Ziele gemeinsam verfolgen. Für ein erfolgreiches strategisches Umweltmanagement müssen bestimmte Bedingungen erfüllt sein, die Steih abschließend darlegt.

Karl Farmer leistet einen Beitrag zur theoretisch fundierten ökologischen Ordnungspolitik. Diese muß die Rolle des Unternehmers als Koordinator in einer unsicheren wirtschaftlichen Entwicklung berücksichtigen. Zudem ist die Schaffung von Eigentumsrechten an knappen Umweltgütern nötig. Zur Veranschaulichung wählt Farmer die Privatisierung des knappen Luftraums über einer Stadt.

Werner Lachmann beschreibt in seinem Aufsatz einen Bogen von der Umweltzerstörung in den Industrie- und Entwicklungsländern, über die Diskussion um „sustainable development", die Wechselbeziehungen zwischen Umweltschutz und Wirtschaftswachstum bis zu den Problemen einer weltweit wirkenden Umweltpolitik. Während die Industrieländer um das Ozonloch und die Klimaeffekte Sorge tragen, geht es in den Entwicklungsländern um Umweltprobleme im kleinen, so etwa sanitäre Einrichtungen und frisches Wasser. Umweltverschmutzung wird zunehmend zu einem Indikator der Armut. Umweltschutzmaßnahmen können nur dann erfolgreich sein, wenn sie den Menschen nicht überfordern, vor allem nicht in seinen ethischen

Kräften. Daher müssen eine umweltethische Erziehung und der institutionelle Rahmen, z.B. die Vergabe von Eigentumsrechten für Umweltgüter, zusammenwirken.

Werner Lanz beschäftigt sich mit der ökologischen Ethik. Sie erfaßt das menschliche Handeln nur in seinen Auswirkungen auf Natur und Umwelt. Alle Handlungen müssen dann auf ihren ökologischen Nutzen bzw. Schaden überprüft, bewertet und positiv oder negativ sanktioniert werden. Dagegen schließt die christliche Ethik auf biblischer Grundlage die gesamte menschliche Existenz mit Denken, Fühlen, Wollen und Sein mit ein.

Peter Zimmerling stellt die Frage, ob die Schöpfung noch zu retten ist. Christen müssen ihren Glauben und ihre Hoffnung in der gegenwärtigen ökologischen Krise verantworten. Diese Verantwortung erwächst auch aus den Vorwürfen an das traditionelle Christentum, für die gegenwärtige tödliche Bedrohung des Lebens mit verantwortlich zu sein. Der Schöpfungsauftrag Gottes weist jedoch gerade darauf hin, daß Gott die Welt nicht als selbstregulierendes System erschaffen hat. Vielmehr bedarf die Erde der Pflege des Menschen, der aufgerufen ist, im Angesicht der Ewigkeit zu leben.

Immer wieder wurde in den Vorträgen und Diskussionen deutlich, daß der Mensch nicht aus eigener Kraft die Verantwortung für den Schutz der Erde übernehmen kann. Die Anreize führen immer wieder zu aus ökologischer Sicht schädlichem Verhalten. Daher müssen diese Anreize verändert werden. Erst, wenn es sich ökonomisch lohnt, die Umwelt zu schützen, wird die Mehrheit der Menschen dazu bereit und auch in der Lage sein, wird diese Verantwortung den Menschen und seine Kraft nicht mehr überfordern.

Wiederum hat sich gezeigt, daß der sinnvolle Ort für die Moral in der Wirtschaft die Rahmenordnung ist. Sie gilt für alle gleich und setzt auch die Anreize zu entsprechendem wirtschaftlichen Handeln.

Zum Abschluß ein Wort des Dankes an alle Autoren und Diskussionsteilnehmer für ihre Mitarbeit und ihre Gedankenanstöße. Gedankt sei auch Frau Dipl.-Kfm. Christiane Suthaus und Herrn stud. phil. Peter Amsler für ihre Mitarbeit bei der Manuskripterstellung.

Möge die Veröffentlichung Hinweise und Anregungen für die Konzeption und Anwendung praktischer ökologisch orientierter Wirtschaftspolitik geben.

W. Lachmann, Nürnberg

SILKE BROHL, BURGHAUSEN

Problemaufriß und Ursachenerklärung der Umweltbelastung

Das Generalthema dieser Tagung lautet „Die ökologische Herausforderung aus wirtschaftlicher und ethischer Sicht". Die ökologischen Probleme stellen in der Tat eine Herausforderung für die Wirtschaft dar. So ist es m. E. nicht damit getan, die Intensität und Quantität der Umweltbelastungen aufzuzeigen oder diese Aufgabe an die Politiker zu verweisen. Jeder einzelne sollte sich fragen, wie gehe ich bei meinem wirtschaftlichen Handeln mit dem Gut Umwelt um, aber gerade wir als Ökonomen sind gefordert, einerseits Interdependenzen zwischen der Ökonomie und Ökologie aufzuzeigen und andererseits mit der Wirtschaft im Einklang stehende Lösungsmöglichkeiten für die vielfältigen ökologischen Probleme aufzuzeigen. Da solche Lösungsmöglichkeiten ursachenadäquat sein sollen, beschäftigen wir uns heute mit dem Thema „Problemaufriß und Ursachenerklärung der Umweltbelastung". Dazu möchte ich als erstes das Beziehungsgeflecht zwischen Ökonomie und Ökologie sowie sich daraus ergebene Probleme aufzeigen. Als zweites sollen einige Daten über die derzeitige Umweltbelastung im Mittelpunkt stehen. Daran schließt sich die Ursachenanalyse der Umweltbelastung an, und mit einigen umweltethischen Aspekten endet dann der Vortrag.

1. Das Beziehungsgeflecht zwischen Ökonomie und Ökologie

Die Ökonomie als Teil der Gesellschaft ist ein System, in dem „die knappen Ressourcen für die verschiedenen menschlichen Zwecke transformiert und zugewiesen werden und welches sich institutionell als ein Geflecht von Betrieben, Haushalten und Märkten darstellt".[1] Die Wirtschaft befaßt sich also mit den Beziehungen zwischen Produzenten und Konsumenten, die sich auf Märkten realisieren, und mit dem Problem der knappen Ressourcen. Die Verbindung zur Ökologie besteht einerseits in der Verwendung von Elementen aus der Umwelt im Rahmen des Konsum- und Produktionsprozesses (Ressourcen) und andererseits in der Abgabe von Nebenprodukten, die sich aus den genannten Prozessen ergeben, an die Umwelt (Emissionen).

Unter Ökologie bzw. Umwelt wird in einer allgemeinen Definition alles das verstanden, „was den Menschen in den physischen, gefühlsmäßigen, technischen, ökonomischen und sozialen Bedingungen und Interaktionen seiner Existenz tangiert".[2] Daraus abgeleitet ergibt sich eine engere Definition dergestalt, daß der Begriff Umwelt sowohl

- die räumliche Umgebung des Menschen (z.B. Stadt, Region, Land) als auch
- den Zustand der Lebewesen und Pflanzen sowie
- die Bedingungen für deren Zusammenleben beinhaltet.[3]

Synonym für den Begriff Umwelt wird häufig auch der Begriff „ökologisches System" oder kurz „Ökosystem" verwendet. Darunter werden funktionelle Einheiten oder Regelkreise aus Organismen/Lebewesen und anorganischer Umwelt verstanden, die mit der Fähigkeit ausgestattet sind, ein Gleichgewicht zu erhalten und bei Eingriffen ein solches Gleichgewicht auch wiederherzustellen, allerdings in Abhängigkeit von Art, Umfang und Intensität dieser Eingriffe sowie mit unterschiedlicher zeitlicher Dimension.[4]

Die Interdependenzen zwischen dem ökonomischen und ökologischen System wollen wir anhand der folgenden Graphik[5] (s. nächste Seite) betrachten. Sie stellt im oberen Teil stark vereinfacht das ökonomische System mit den Bereichen Produktion und Konsum dar. Sie erhalten aus dem im unteren Teil dargestellten ökologischen System zum einen Rohstoffe für die Produktion und zum anderen die Umwelt als Konsumgut, z.B. in Form von Wasser und Luft. Aus beiden Bereichen ergeben sich Emissionen. Unter Emission wird dabei die von einer Anlage oder einem Produkt ausgehenden Luftverunreinigungen, Geräusche, Wärme, Erschütterungen oder ähnliche Erscheinungen verstanden. Das Einwirken dieser Emissionen auf Menschen, Tiere, Pflanzen und Sachgüter wird als Immission bezeichnet.[6] Ein Teil dieser Emissionen läßt sich über den Weg des Recycling wieder in die Bereiche Produktion und Konsum zurückführen, wirken aber auch auf die Immissionen. Diese Immissionen, und damit sind wir im ökologischen System, wirken auf die Umwelt mit ihren drei Aufgaben, nämlich

a) Konsumgut, z.B. für Freizeit- und Erholungszwecke,
b) Lieferant von regenerierbaren und nicht regenerierbaren Rohstoffen sowie
c) Empfangsmedium von abbaubaren und nicht abbaubaren Abfällen und Schadstoffen zu sein.

Diese Funktionen der natürlichen Umwelt beeinflussen sich gegenseitig, schließen sich sogar teilweise aus. So kann z.B. ein Naturpark nicht gleichzeitig zum Abbau von Mineralien und als Erholungsgebiet genutzt werden.[8] Gerade die Aufnahme von Schadstoffen kann die Qualität des Gutes Umwelt nachhaltig beeinträchtigen. So möchte keiner sein Trinkwasser direkt aus einem See beziehen, in den auch z.B. ein Chemiewerk seine Abwässer leitet.

Wir haben vorhin bei der Definition schon gesehen, daß das Ökosystem mit einer natürlichen Regenerationsfähigkeit[9] ausgestattet ist. Diese Fähigkeit ist aber limitiert. Das bedeutet, daß die Umwelt nicht in der Lage ist, die dem natürlichen Abbauprozeß zugänglichen Schadstoffe beliebig schnell und in unbe-

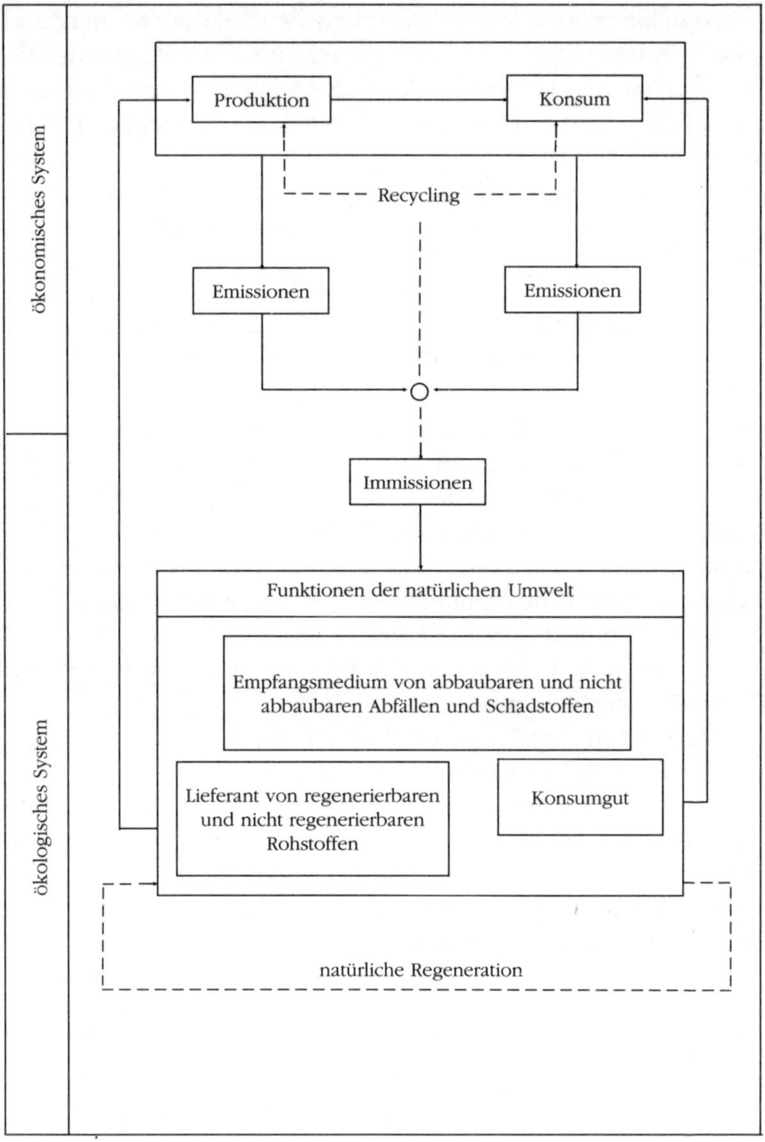

Abb. 1: Interdependenzen zwischen dem ökonomischen und dem ökologischen System[7]

grenztem Umfang durch natürliche Vorgänge zu neutralisieren. Zusätzlich belasten manche Schadstoffe die Umwelt langfristig oder dauerhaft, da sie sich größtenteils dem Selbstreinigungspotential der Natur entziehen.[10] Die sich daraus ergebende Gefährdung des ökologischen Systems wird noch durch die synergetische Schadwirkung verschärft. Das heißt, einzeln abgegebene und von der Umwelt aufgenommene Stoffe verursachen zunächst keinen Schaden, aber in Verbindung mit anderen Stoffen und durch weitere Reaktionen können sich neue Substanzen bilden, die dann schädliche Wirkung für die Umwelt aufweisen.[11]

Auf die Interdependenz zwischen Ressourcenabbau und Schadstoffbelastung weisen G. Hartkopf und E. Bohne besonders hin. Sie schreiben: „Die Zunahme von Umweltverschmutzung und anderen Einwirkungen überschreitet vielfach die Absorptionskapazität der Umwelt (also Regenerationsfähigkeit, Anm. d. Verf.) und macht auf diese Weise vorhandene Ressourcen unbrauchbar. Gleichzeitig trägt die Ausbeutung der Ressourcen zur Verringerung der Absorptionskapazität der Umwelt und damit zum Anstieg von Umweltverschmutzung und sonstigen Belastungen bei. Aus diesem sich gegenseitig „aufschaukelnden" Prozeß von Ressourcenverbrauch und Belastungen durch Schadstoffe und andere Einwirkungen ergeben sich wachsende Gefahren für das langfristige Überleben der Menschheit."[12]

2. Daten zur Umweltbelastung

Anhand einiger ausgewählter Daten soll die Umweltbelastung verdeutlicht werden.

In Abb. 2 werden die Luftverunreinigung in der Bundesrepublik Deutschland in ihren Hauptbestandteilen sowie die Schadwirkungen und Immissionen angegeben. Besonders wollen wir da die Stickoxide, Kohlenmonoxid und Kohlendioxid betrachten. Alle drei Schadstoffe entstehen zu einem großen Teil

Abb. 2: Luftverunreinigungen in der Bundesrepublik Deutschland a)13

Luftverunreinigung	Emission 1000 t/Jahr	Hauptverursacher Emissionsanteile (%)		Schadwirkungen	Immissionsbelastung
Schwefeldioxid	3540 (3500)	K/F: 56 (42) I: 28 (40)	H/KG: 13 (16) V: 3 (2)	Schleimhautreizung der oberen Atemwege, Zunahme von Erkrankung und Sterblichkeit bei älteren Menschen, Vegetationsschäden, Versäuerung von Boden und Gewässern, Korrosionsschäden	Stellenweise Überschreitung von Lang- und Kurzzeit-Immissionswerten in Berlin und Ruhrgebiet. Geringfügige Verschlechterung von Reinluftgebieten
Stickoxide (berechnet als NO_2)	3000 (2050)	K/F: 31 (32) I: 19 (32)	H/KG: 5 (5) V: 45 (31)	Reizung der Atemwege, Beeinträchtigung der Sauerstoffaufnahme des Bluts, Bronchitis, Lungenentzündung. Photochemischer Smog, Versäuerung von Boden und Gewässern. Materialschäden	Regional sehr unterschiedlich. An Verkehrswegen Überschreitung von Langzeit-Immissionswert
Kohlenmonoxid	9290 (12520)	K/F: 0,3 (0,2) I: 14,7 (13,8)	H/KG: 18 (52) V: 67 (34)	Beeinträchtigung der Sauerstoffaufnahme des Bluts, Kopfschmerzen, Übelkeit, Bewußtlosigkeit. (Keine Vegetations- und Materialschäden)	Hohe Belastung an Verkehrswegen, in Ballungsgebieten teilweise Überschreitung des Langzeit-Immissionswerts
Kohlendioxid	806000 b)	K/F: 37,7 I: 25,1	H/KG: 25,5 V: 11,7	Mögliche Gefahr von Klimaveränderungen	Weiterer Anstieg
Staub	720 (1800)	K/F: 24 (26) I: 64 (59)	H/KG: 8 (14) V: 4 (1)	Atemwegserkrankungen (Wirkungen abhängig von Staubinhaltsstoffen, z.B. Schwermetallen)	Belastung rückläufig, Immissionswertüberschreitung nur in Ausnahmefällen
Organische Verbindungen	1760 (1400)	K/F: 0,5 (0,5) I: 27 (25)	H/KG: 35,5 (46) V: 37 (28,5)	Zum Teil krebserregend, z.B. Benzo(a)pyren, Benzol	Teilweise hohe Belastung an Verkehrswegen
Blei	7,3 c)	Verhüttung, Verarbeitung: Kfz-Verkehr:	48 52	Störung der Blutfarbstoffbildung, Leber-, Nieren-, Gehirnschäden. Besondere Gefährdung von Kindern, Tod von Weidevieh, Kontaminierung der Nahrungskette	Belastung insgesamt rückläufig, zum Teil hohe lokale Belastungen
Cadmium	0,09 d)	Verhüttung: Verbrennung:	55,6 44,4	Lungen-, Nieren-, Knochenschäden, Krebsverdacht, Kontaminierung der Nahrungskette, Hemmung des Pflanzenwachstums	Zum Teil hohe lokale Belastungen
Fluorverbindungen	47,9 e)	Industrieproduktion: Verbrennung:	57,4 42,6	Knochen-, Zahn-, Nieren- und Hautschäden, Tier- und Vegetationsschäden	Teilweise erhebliche Überschreitung des Kurzzeit-Immissionswerts in der Nähe von Industrieanlagen

Abkürzungen: K/F = Kraft- und Fernheizwerke, I = Industrie, H/KG = Haushalte und Kleingewerbe, V = Verkehr

Quelle: a) Bundesregierung 1982, S. 11ff. (Stand: 1978; Zahlen in Klammern beziehen sich auf 1966) / b) SRU 1981, S. 158 (Stand: ohne Jahr)
c) Schätzung des Umweltbundesamtes für 1980 / d) Umweltbundesamt 1981, S. 10 (Stand: ohne Jahr) / e) Bundesminister des Innern 1976a, S. 165 (Stand: 1971)

durch den Verkehr und führen zu Gesundheits- und Umweltbelastungen.

Betrachten wir in Abb. 3 die Verkehrsleistung im Personenverkehr in der BRD, so können wir einen stetigen Anstieg des Individualverkehrs feststellen.

Abb. 3: Verkehrsleistung im Personenverkehr[14]

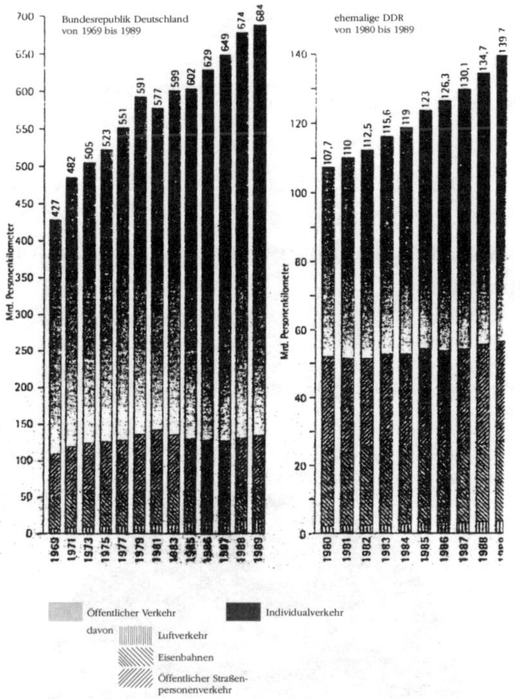

Dieser Individualverkehr trägt erheblich zur Luftbelastung in den Städten bei. Abb. 4 zeigt nach Ländern geordnet, daß die Schadstoffbelastung nur in den Ländern mit hohem Einkommen (also über 7.620 $/J.) unterhalb des Grenzwertes bleibt, aber nach den Richtlinien der Weltgesundheitsorganisation nicht akzeptabel ist.

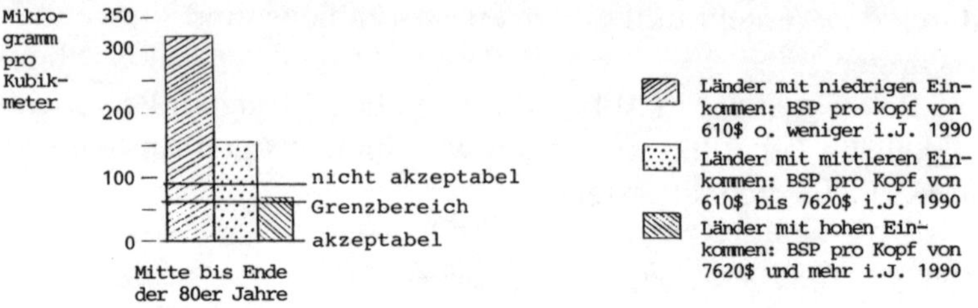

Anmerkung: Für die Bestimmung der Akzeptanz werden die Richtlinien der Weltgesundheitsorganisation zur Luftqualität verwendet.
* Durchschnittskonzentration einzelner Schwebstoffsubstanzen
Quelle: Alle Schaubilder und Daten sind aus dem Weltentwicklungsbericht 1992.

Abb. 4: Wie sauber ist die Luft in den Städten?*[15]

Ozonloch und Treibhauseffekt sind Schlagworte, wenn es um die Klimaveränderungen geht. Abb. 5 zeigt den Anteil der einzelnen Gase am Treibhauseffekt, wobei Kohlendioxid die Hälfte ausmacht.

Abb. 5: Anteil der einzelnen Gase am Treibhauseffekt[16]

In Abb. 6 (s. nächste Seite) sehen wir, daß gerade die Länder mit dem hohen Einkommen am meisten zur Kohlendioxid-Emission beitragen. Diese in die Luft abgegebenen Schadstoffe haben nicht nur Auswirkungen auf das Gesamtklima, sondern tragen auch zum sog. Waldsterben bei. Aus dem Bericht des Bundesumweltministeriums zum Thema Umweltschutz in Deutschland 1992 geht hervor, daß der größte Teil unserer Wälder bereits zu mehr als 30% beschädigt sind, vor allem in Hessen, Bayern und den neuen Bundesländern. Abb. 7 (s. nächste Seite) verdeutlicht über die Zeit betrachtet die Schäden an Tannen in Bayern. Bei nur noch 8% des Gesamttannenbestandes zeigen sich keine Schadensmerkmale. Auch der Anteil der bereits abgestorbenen Waldteile ist erheblich gestiegen. Diese Waldschäden führen nicht nur zu geringerer Sauerstoffproduktion, sondern auch zu einem verringerten Erholungswert der Wälder.

Es wird immer wieder von der Zerstörung der Tropenwälder gesprochen, die Auswirkungen auf das Gesamtklima hat. „Die Ernährungs- und Landwirtschaftsorganisation der Vereinten Nationen (FAO) hat einen Bericht über die Abholzung der tropischen Urwälder veröffentlicht, der schockierend ist. Darin heißt es:

- Die Zerstörung der tropischen Wälder geht heute 50% rascher vor sich als vor zehn Jahren.
- Jährlich gehen 17 Mill. Hektar Wald verloren, was der Fläche Österreichs, Dänemarks und der Niederlande zusammengenommen entspricht.

(...) Pflanzen- und Tierarten gehen durch diesen rücksichtslosen Raubbau zugrunde, aber schlimmer noch: Wüsten breiten sich aus, und das trägt zur weiteren Erwärmung der Erdatmosphäre und damit zu klimatischen Veränderungen bei.

Das Problem sei laut FAO wohl ernst, aber lösbar, hätten doch die Industrieländer zwischen 1980 und 1985 den Bestand ihrer Wälder um 5% erhöhen können. Nur sei das in den Entwicklungsländern der ungünstigeren wirtschaftlichen Lage wegen schwerer zu bewerkstelligen; denn schuld an der Abholzung seien dort der Druck der wachsenden Bevölkerung und die zunehmende Armut.«[17]

Abb. 6: Welche Länder emittieren die größten Mengen Kohlendioxid?[18]

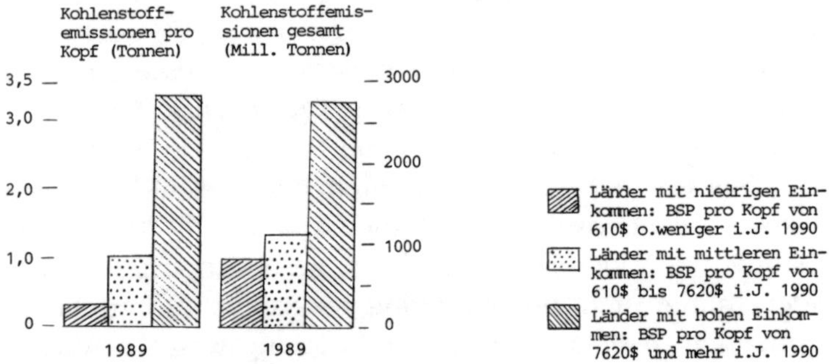

Anmerkung: Aus fossilen Kraftstoffen und Zementverarbeitung

Abb. 7: Ausmaß und Verlauf des Tannensterbens in Bayern[19] (Stand 1986)

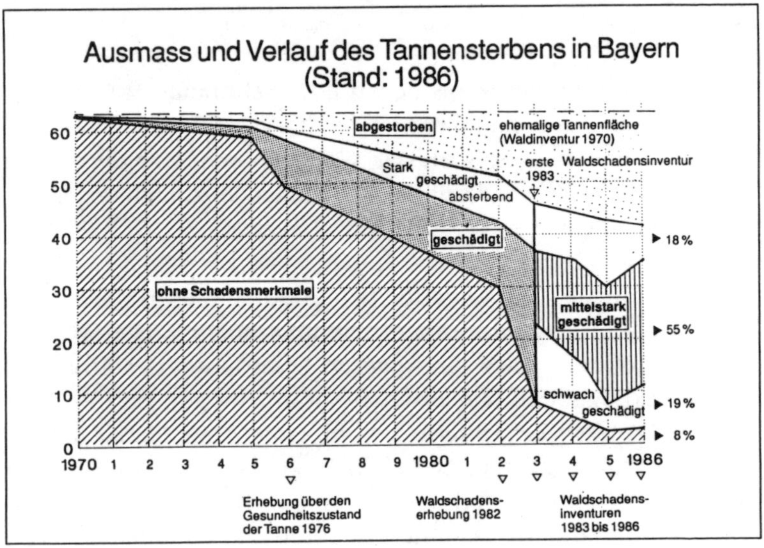

Abb. 8 zeigt, zu wieviel Prozent der tropische Regenwald in den einzelnen Regionen bereits zerstört ist.

Abb. 8: Zerstörung von tropischen Wäldern[20]

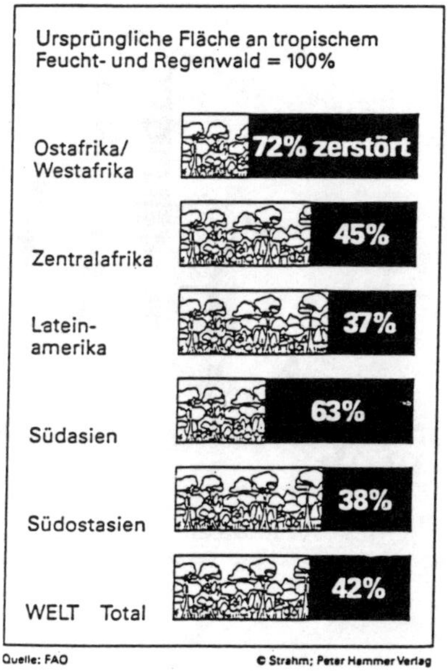

Wenden wir uns einem anderen Problemkreis, nämlich dem Müll, zu. In Abb. 9 sehen wir die jährlich anfallende Müllmenge in der Bundesrepublik Deutschland (gemeint sind die alten Bundesländer; die Angaben stammen von 1983). Der Müll kommt zu 60% aus dem Haus, 31% sind Geschäftsmüll und fast 9% Sperrmüll. Interessant ist auch die Aufgliederung in die Bestandteile und ihre ‚Lagerung' (67% des Mülls landet auf der Deponie).

Abb. 9: Der jährliche Müllberg[21]

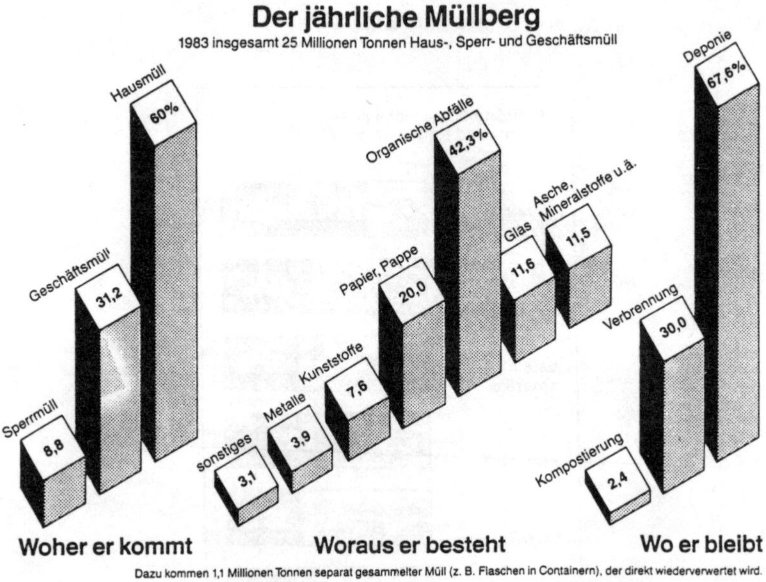

Abb. 10 befaßt sich noch einmal mit dem Hausmüll und zeigt, daß ab 1950 die Menge des Hausmülls enorm gestiegen ist. Bei der Zusammensetzung fällt besonders der enorme Anstieg von Papier und Pappe auf.

Abb. 10: Die Hausmüll-Lawine und Hausmüllzusammensetzung[22]

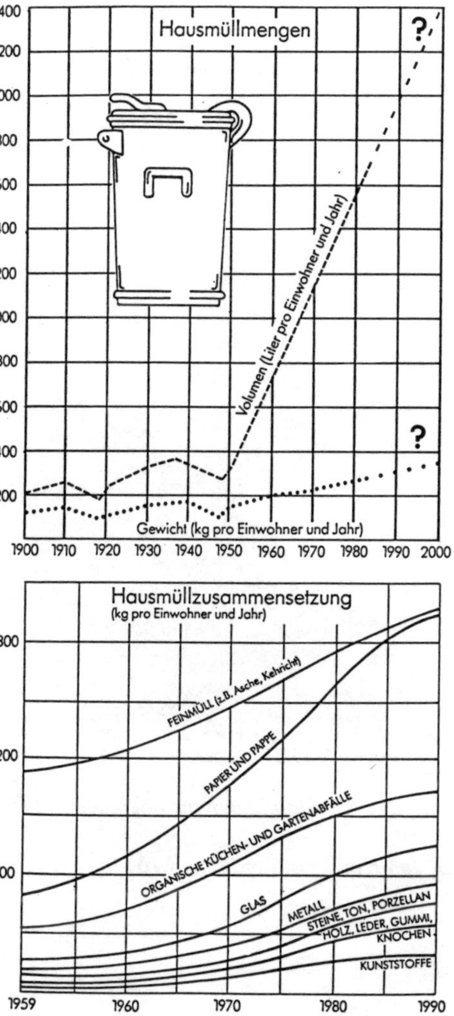

Abb. 11 macht deutlich, daß ein großer Teil des Abfallaufkommens aus langlebigen Produkten besteht, so daß wir diesen Abfall unseren Kindern weitervererben.

Abb. 11: Aufteilung des Abfallaufkommens nach der Produktlebensdauer[23]

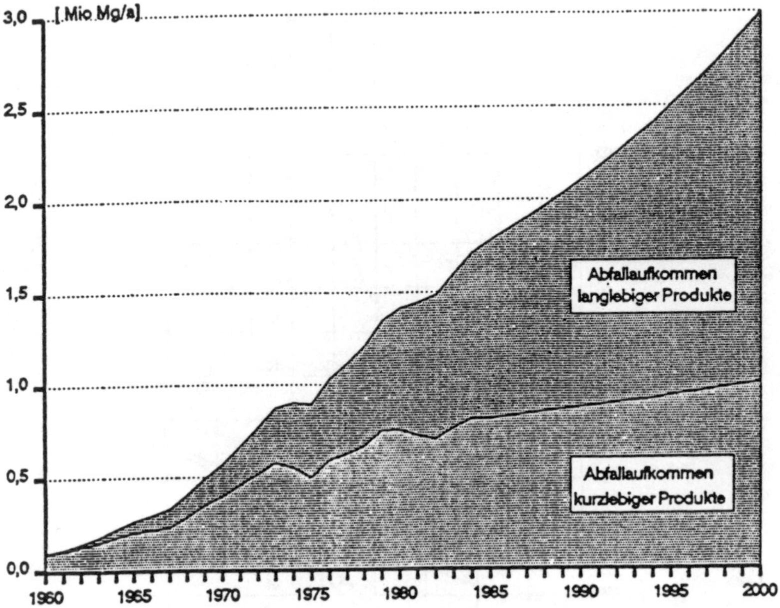

Aufteilung des Abfallaufkommens nach der Produktlebensdauer in [Mio Mg/a]
(aus: Recycling von Kunststoffabfällen S.16)

Wir haben vorhin gesehen, daß 67% des Mülls auf Deponien landen. Abb. 12 zeigt den Flächenverbrauch für Mülldeponien.

Abb. 12: Flächenverbrauch für Mülldeponien in der BRD (alte Bundesländer/Bezugsjahr 1983)[24]

Bedarf an Deponieflächen für:	
Hausmüll hausmüllähnlicher Gewerbemüll Sperrmüll (für 21 Mio. t ≙ 70% von 30 Mio. t jährlichem Müllaufkommen)	3,0-4,5 km²/Jahr
Geforderter Abstand von 0,5 km zur Bebauung – einschließlich Randflächen:	
Gesamtbedarf für Hausmülldeponien	30- 45 km²/Jahr
ergibt bei Nutzungsausfall von 20 Jahren	600- 900 km²
ergibt bei Nutzungsausfall von 30 Jahren	900-1350 km²
Hinzu kommen zusätzliche Deponieflächen für:	
Sondermüll Bauschutt Teilmengen von Klärschlamm	100- 150 km²
Geschätzter maximaler Gesamtbedarf an Deponieflächen (bei gleichbleibender Menge des zu deponierenden Mülls)	1000-1500 km²
Zum Vergleich: **Gesamtfläche aller Naturschutzgebiete** in der Bundesrepublik Deutschland (0,8-1,0% der Fläche der BRD)	2000-2500 km²
Gesamtfläche der Bundesrepublik Deutschland 250.000 km²	

Besonders möchte ich auf den geschätzten Gesamtbedarf an Deponiefläche im Verhältnis zur Gesamtfläche aller Naturschutzgebiete aufmerksam machen. Die Deponiefläche ist halb so groß wie alle Naturschutzgebiete zusammen.

Soweit die Daten zur Umweltbelastung.

3. Ursachenerklärung

In Anlehnung an Lutz Wicke sollen hier die Ursachen der Umweltbelastung in drei Kategorien eingeteilt werden (s. Abb. 13):

1. entwicklungsbedingte Ursachen,
2. sozio-ökonomische Ursachen und
3. wirtschaftssystembezogene Ursachen.

Aus allen Ursachen resultiert die Be- bzw. Überlastung der Regenerationsfähigkeit der Umwelt.

Abb. 13: Ursachen des Umweltproblems[25]

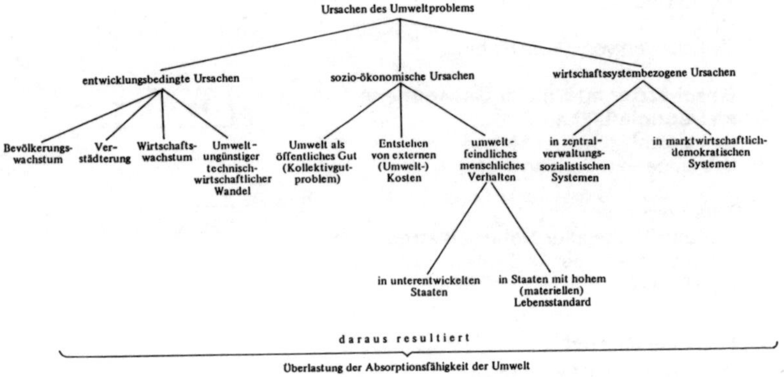

3.1. Entwicklungsbedingte Ursachen

Zu den entwicklungsbedingten Ursachen zählen das Bevölkerungswachstum und die Verstädterung sowie das Wirtschaftswachstum und umweltungünstiger technisch-wirtschaftlicher Wandel.

3.1.1. Bevölkerungswachstum

Die Zunahme der Weltbevölkerung weist einen exponentiellen Verlauf auf. In immer kürzeren Abständen verdoppelt sich die Bevölkerung. Im US-Bericht Global 2000 wird diese Entwicklung folgendermaßen zusammengefaßt: „Das rapide Wachstum der Weltbevölkerung wird sich bis zum Jahr 2000 nur unwesentlich verlangsamen. Die Weltbevölkerung wird von 4 Mrd. im Jahr 1975 auf 6,35 Mrd. im Jahr 2000 anwachsen, eine Zunahme von mehr als 50%. (...) In absoluten Zahlen wird die Bevölkerung im Jahr 2000 schneller zunehmen als heute, nämlich um 100 Mill. Menschen jährlich, im Vergleich zu 75 Mill. im Jahre 1975. 90% dieses Wachstums fällt auf die ärmsten Länder der Erde.“[26]

Aus der dargestellten Bevölkerungsentwicklung ergeben sich folgende Auswirkungen auf die Umwelt:[27]

- Mit zunehmender Bevölkerungsdichte wird zusätzlicher Siedlungs- und Erholungsraum beansprucht, was zu einer größeren Zersiedlung der Landschaft und einer Abnahme von Grünflächen aufgrund von Überbauung führt.
- Diese Bevölkerungsentwicklung erfordert eine steigende Nahrungsmittelproduktion, die nur durch Intensivierung der Bearbeitung der bestehenden Anbauflächen (Problem der Verwendung von Dünge- und Schädlingsbekämpfungsmitteln) und soweit möglich durch eine Ausweitung der Anbauflächen (Problem der Erosion und Versalzung bei künstlicher Bewässerung) erreicht werden kann.
- Die Zunahme der Bevölkerung führt aufgrund der notwendigen materiellen Versorgung zu einer Steigerung der Produktion und des Konsums mit den bereits angeschnittenen Auswirkungen auf die Umwelt.
- In Zusammenhang mit der Zunahme der Produktion und des Konsums steht, daß mit zunehmender Bevölkerung auch die Abfallprodukte steigen, deren ordnungsgemäße Beseitigung nicht überall gegeben ist.

3.1.2. Verstädterung

Ein zusätzliches Problem des Bevölkerungswachstums ergibt sich noch daraus, daß sich die Bevölkerung in einigen Gebieten zusammenballt und sich nicht gleichmäßig auf der Erde verteilt. Besonders krass zeigt sich dieses Problem, wenn man das Wachstum der Städte in Ländern der Dritten Welt betrachtet. ‚Zu dem schnellen Bevölkerungswachstum gesellt sich in den unterentwickelten Ländern eine dramatische Abwanderung der Landbevölkerung in die Großstädte und deren Randbezirke. Wenn die heutigen Trends anhalten', so stellt Global 2000 fest, ‚werden in Zukunft viele Großstädte in den unterentwickelten Ländern von fast unübersehbarer Ausdehnung und völlig überbevölkert sein.' So werden für Mexiko City 30 Mio. Einwohner, für Kalkutta 20 Mill. und für Groß-Bombay, Groß-Kairo, Djakarta und Seoul jeweils 15–20 Mill. Einwohner im Jahr 2000 angenommen.[28]

Die sich daraus ergebenden Umweltbelastungen sind folgende:

- eine konzentrierte Inanspruchnahme der Umweltmedien Luft, Wasser und Boden (als Rohstoffe) in den Ballungsgebieten
- eine Zunahme der Emissionen und damit eine Konzentration der Schadstoffe in den Ballungsgebieten
- die Gefahr der unkontrollierten Entsorgung von Abfällen und Abwasser, besonders in den Slums der Großstädte.[29]

3.1.3. Wirtschaftswachstum

Das wirtschaftliche Wachstum in Form von steigender Produktion an Nahrungsmitteln, Wirtschaftsgütern und Dienstleistungen hat in vielfältiger Weise die Umweltbelastungen verursacht. Dazu einige Beispiele:

- Die landwirtschaftliche Produktion konnte vielfach nur durch vermehrten Einsatz von Düngemitteln und die Anlage von Monokulturen gesteigert werden, was zu einem höheren Bedarf an Pflanzenschutzmitteln geführt hat. Die schädliche Wirkung dieser Maßnahmen ist hinreichend bekannt.
- Die industrielle Produktion ist mit einem steigenden Energiever-

brauch verbunden, zu dessen Bereitstellung der Abbau von begrenzten Rohstoffen nötig ist.
- Die Verwendung von Materialien in der Produktion mit umweltschädlicher Wirkung sowie
- der Ausbau der Infrastruktur im Rahmen der touristischen Erschließung eines Gebietes.[30]

Angesichts der durch das Wirtschaftswachstum verursachten vielfältigen Umweltbelastungen fordern einige Ökologen einen sofortigen Wachstumsstopp, das würde bedeuten, daß die wirtschaftlichen Aktivitäten auf dem jetzigen Stand festgeschrieben werden. Dagegen ist einzuwenden:
- Wachstum ist für die Länder der Dritten Welt nötig, um die lebensnotwendigen Bedürfnisse der steigenden Bevölkerung befriedigen zu können.
- Außerdem werden durch einen Wachstumsstopp keine Umweltschäden beseitigt und auch eine Verschlechterung der Umweltqualität kann nicht verhindert werden.
- Ferner zieht die Zunahme der wirtschaftlichen Produktion nicht zwangsläufig eine Umweltverschmutzung in gleichem Maße nach sich, da die Verwendung von Umweltschutzmaßnahmen während und hinter dem Produktionsprozeß zu einer Vermeidung oder Beseitigung bzw. Reduzierung der Emission führen kann.
- Wirtschaftswachstum und Umweltschutz können sich also gegenseitig fördern, z.B. durch die Entwicklung und den Einsatz von umweltfreundlichen Produktionstechniken, durch Investitionen bei der Abfallbeseitigung oder dem Recyclingprozeß.[31]

Es ist also, wie Siebert feststellt, nicht die Tatsache, „daß Wachstum vorliegt, die den Zielkonflikt zwischen Güterbereitstellung und Umweltqualität verschärft, sondern die Art und Weise, in der das Wachstum bisher erfolgt ist, es ist die Struktur des Güterbergs, die Relation zwischen umweltschädigenden und umweltfreundlichen Produkten, die diesen Zielkonflikt wesentlich herbeiführen. Und es ist (...) die kostenlose Nutzung des Freigutes Umwelt."[32]

3.1.4. Umweltungünstiger technisch-wirtschaftlicher Wandel

Die hierunter zu verstehenden umweltbelastenden produktionstechnischen Wandlungen und die Änderungen der Konsumgewohnheiten haben zu einem zusätzlichen negativen Einfluß auf die Umwelt geführt. Als Beispiele können genannt werden:

- die Einführung der Einwegflaschen,
- die Verdrängung von natürlichen Materialien durch chemische Produkte,
- die Verwendung von aufwendigen Verpackungsmaterialien und
- die verstärkte Nutzung von umweltbelastenden Kraftfahrzeugen an Stelle von umweltschonenden Verkehrsmitteln.[33]

3.2. Sozio-ökonomische Ursachen

Die folgenden Ursachen, also das Problem der öffentlichen Güter und das der externen Kosten sowie des umweltfeindlichen menschlichen Verhaltens, stehen in engem Zusammenhang und bedingen sich gegenseitig.

3.2.1. Umwelt als öffentliches Gut

Lange Zeit wurden die Umweltmedien Wasser und Luft als freie Güter betrachtet, d.h. ihre Gewinnung ist unproblematisch und ihr Vorrat unerschöpflich. Daraus folgt, daß freie Güter keinem Wirtschaftsprozeß unterliegen und daß es keine ineffiziente Verwendung für sie gibt. Aus den anfänglichen Betrachtungen wissen wir, daß Umwelt heute ein knappes Gut ist. Aufgrund der konkurrierenden Verwendungsmöglichkeiten des Gutes Umwelt (z.B. als Erholungsstätte oder zur Rohstoffgewinnung) entstehen Opportunitätskosten. Dennoch findet für das Gut Umwelt, genauer gesagt die Umweltqualität, keine Preisbildung statt. Der Grund dafür liegt in dem öffentlichen Gutscharakter der Umweltqualität.[34]

Ein öffentliches Gut ist durch folgende zwei Merkmale charakterisiert:

- Jedes Individuum kann dieses Gut in gleicher Menge konsumieren, ohne daß dadurch der Konsum anderer Individuen eingeschränkt wird und unabhängig davon, ob der einzelne etwas zu den Kosten der Erstellung des öffentlichen Gutes beiträgt oder nicht.
- Der Ausschluß anderer konkurrierender Benutzer ist technisch nicht möglich oder aus normativen Erwägungen heraus unerwünscht.[35]

Zwar treffen diese beiden Kriterien nicht in vollem Umfang auf die Umwelt zu. So lassen sich für das Umweltmedium Boden durchaus Ausschlußmöglichkeiten finden, aber diese schützen z.B. nicht vor Emissionen in der Luft, die durch Niederschlag auf ein Grundstück gelangen. Ebenso ist eine Rivalität des Konsums bei miteinander konkurrierenden Umweltnutzungen denkbar. Dennoch ist die Umwelt als öffentliches Gut zu betrachten, da auch bei Ausdünnung der Merkmale die Problematik erhalten bleibt, und da nach einer. anderen Einteilung auch Güter mit externen Effekten als öffentliche Güter angesehen werden.[36]

Aus der Eigenheit des öffentlichen Gutscharakter ergibt sich, daß „das Individuum ein Interesse daran (hat), falsche Signale über die Intensität seiner Präferenzen zu senden, seine wirkliche Wertschätzung herunterzuspielen".[37] Der Nutzengewinn aus dem Konsum des öffentlichen Gutes wird verschwiegen, um sich nicht an den Kosten für die Erstellung beteiligen zu müssen. Aufgrund des Nicht-Ausschluß-Prinzips treten für das so handelnde Individuum keine Nachteile auf. Verhalten sich alle Individuen in dieser Art, entsteht keine Nachfrage für dieses Gut, es bildet sich auch kein Markt für öffentliche Güter, obwohl das öffentliche Gut von den Individuen geschätzt und genutzt wird (Free-Rider-Problematik).[38]

„Auf Grund der speziellen Eigenschaften der öffentlichen Güter ergibt sich somit eine Situation, in der das nutzenmaximierende Verhalten der Individuen zu gesellschaftlich unerwünschten Auswirkungen führt."[39] (Beispiel: Benutzung des Autos oder öffentlichen Nahverkehrs)[40]

Als Folgen für die Umweltbelastung ergibt sich daraus:

- Die Kosten für die Erstellung von Umweltqualität als öffentliches Gut tragen nicht die Verursacher (Entstehen von externen Effekten).
- Die Eigenschaften des öffentlichen Gutes implizieren eine Übernutzung und damit ein Sinken der Qualität.
- Es werden freiwillig keine oder kaum Aktivitäten zur Verbesserung der Umweltqualität vorgenommen.[41]

3.2.2. Externe Effekte

Externe Effekte sind „unmittelbare Auswirkungen ökonomischer Aktivitäten eines Wirtschaftssubjektes auf die Produktions- und Konsummöglichkeiten anderer Wirtschaftssubjekte, die vom ‚Verursacher' nicht berücksichtigt werden und – im Gegensatz zu anderen ökonomischen Transaktionen – zwischen den Beteiligten keine Rechte auf Entgelt oder Kompensation begründen".[42] Die aus externen Effekten entstehenden Konflikte werden daher nicht über den Markt ausgetragen. Für die Marktteilnehmer ist daher kein Anreiz gegeben, umweltneutrale oder umweltfreundlichere Aktivitäten, die allerdings mit höheren privaten Kosten verbunden sind, vorzunehmen. Es besteht geradezu ein Anreiz oder auch Wettbewerbsdruck zu mit keinen oder niedrigen Kosten verbundenen umweltbelastenden Aktivitäten.[43]

Eine weitere Ursache für die Bildung negativer externer Effekte aus Umweltnutzungen liegt in dem öffentlichen Gutscharakter von Umwelt, aus dem sich fehlende Möglichkeiten der ‚Eigentumsübertragung'[44], die eine exklusive Nutzung gewährleisten würde, ergeben. So führt z.B. das Betreiben einer Müllverbrennungsanlage für die Anwohner zu einer erhöhten Luftverschmutzung und damit zur Verringerung der Wohnqualität. Die Anwohner besitzen aber kein Eigentumsrecht oder Anspruch auf eine bestimmte Luftqualität, es entsteht ein negativer externer Effekt. Für den aus diesem negativen externen Effekt entstandenen Schaden erhalten die Anwohner aber keine Kompensation, oder allgemeiner formuliert: Die aus der Aktivität des

Unternehmens für das Individuum anfallenden Kosten werden ihm nicht durch Preiszahlung ersetzt.[45]

Aus der Tatsache, daß die Umweltkosten aus den externen Effekten nicht dem Verursacher, sondern der Allgemeinheit zugerechnet werden, ergibt sich eine Verzerrung der Preisstruktur. Produkte, deren Herstellung umweltbelastend ist, werden aufgrund der fehlenden Berücksichtigung der Umweltbelastung in der Kostenrechnung im Verhältnis zu umweltschonender hergestellten Produkten zu billig angeboten. Das führt zu einer erhöhten Nachfrage und damit steigender Produktion von Gütern, deren Herstellung umweltbelastender ist.[46]

3.2.3. Umweltfeindliches menschliches Verhalten

Das umweltbeeinträchtigende menschliche Verhalten in unterentwickelten Ländern ergibt sich daraus, daß der Beseitigung von Hunger und Armut höchste Priorität eingeräumt wird und dafür auch eine zunehmende Umweltverschmutzung in Kauf genommen wird.

In den Staaten mit hohem Lebensstandard dagegen existiert eine gewisse Anspruchsmentalität, die dazu führt, daß nur wenige Bürger bereit sind, zugunsten einer besseren Umweltqualität auf einen erreichten materiellen Wohlstand und Bequemlichkeit ggf. zu verzichten. Trotz gestiegenem Umweltbewußtsein innerhalb der Bevölkerung hinkt das entsprechende umweltfreundlichere Verhalten noch nach.[47]

3.3. Wirtschaftssystembezogene Ursachen[48]

Das jeweils angewendete Wirtschaftssystem an sich stelle die Ursache für die Umweltschäden dar. So wird behauptet, daß die Umweltzerstörung für die Marktwirtschaft systemimmanent sei, da im Bereich des Umweltschutzes Marktversagen vorliegt. Denn für die Umweltgüter bilden sich keine solchen Preise, die den existierenden Knappheitsverhältnissen entsprechen, und somit werden an die Wirtschaftssubjekte keine oder falsche

Signale über den notwendigen Umgang mit der Umwelt abgegeben. (Problem der öffentlichen Güter)[49] Als Lösung dieser Situation wird eine Änderung des Wirtschaftssystems, und zwar in Richtung einer zentralen, an gesellschaftlichen Zielen orientierten Wirtschaftsordnung, vorgeschlagen.[50]

Auf der anderen Seite wird behauptet, die Planwirtschaften seien nicht in der Lage, das Allokationsproblem auch für den Bereich Umwelt zu lösen (u.a. fehlende Anreize für umweltfreundliches Verhalten der Wirtschaftssubjekte, Informationsschwierigkeiten bei der Datengewinnung). Eine Lösung wird hier in der Änderung der Rahmenbedingungen und einer Intensivierung des marktwirtschaftlichen Gedankens gesehen.[51]

Diese Argumentation will aufzeigen, welches Wirtschaftssystem besser Umweltbelastungen vermeidet. Es wird dabei übersehen, daß die Umweltschäden in beiden Wirtschaftsformen auftreten und sich nur in den Ursachen unterscheiden.[52]

Alle genannten Ursachen führen zu einer Be- bzw. Überlastung der Regenerationsfähigkeit der Umwelt.

4. Umweltethische Aspekte[53]

„Nicht zuletzt ist die Umweltverschmutzung aber auch in einer mangelnden Umweltethik begründet und in einer starken Ausprägung individueller Ziele ohne Berücksichtigung gesellschaftlicher Erfordernisse."[54] Dies ist eine Aussage im Rahmen der Diskussion über die Ursachen der Umweltbelastungen, in der Forderungen nach einem neuen Umweltbewußtsein oder einer Umweltethik gestellt werden. Teilweise geschieht dies in einer allgemeinen Aufforderung zur moralischen Umkehr, ohne Angabe über das wie und wohin[55].

Aber gerade die bisherige Auffassung, daß das Wohlergehen des Menschen vor den Belangen der Natur höchste Priorität habe, wird von etlichen Ökologen als die Ursache für die Umweltschäden angesehen. Besonders der christlichen Position, gegründet in dem Auftrag Gottes an die Menschen „Machet euch die Erde untertan, herrschet über sie" (1. Mose 1, 28), wird widersprochen, da hierin der Auftrag zur Ausbeutung der Erde gesehen wird (er wurde auch oft genau so verstanden). Als Lösung möchten daher einige Naturschützer der Natur einen eigenen, auch politisch durchsetzbaren Wert verleihen, z.B. in der Übertragung von Rechten an die Natur oder in der Behandlung der Natur als juristische Person.[56]

Aber hat Gott uns Menschen wirklich den Auftrag zur Ausbeutung der Erde gegeben, wenn er uns auffordert über sie zu herrschen? Cochlovius sagt dazu: „Herrschen ist niemals beherrschen, ausbeuten und unterdrücken. Das ist die pervertierte Form. Sondern herrschen heißt, die Herrlichkeit Gottes in diese Welt hineintragen, die Herrlichkeit Gottes bezeugen, (...) das Wesen Gottes, nämlich seine Liebe und seine Fürsorge in diese Welt hineintragen. Das ist der eigentliche Auftrag an die Menschen. Wir müssen wieder zurückfinden zur Herrschaftsweise Gottes."[57] Wenn wir verstehen, was herrschen im biblischen Sinne bedeutet, „dann werden wir im Umgang mit uns selbst Kursänderungen anbringen, und wir werden im Umgang mit der Natur unseren Kurs ändern. Wenn ich weiß, daß ich zur Liebe berufen bin und zur Fürsorge über diese Schöpfung, dann werde ich sie nicht ausbeuten, dann werde ich sie nicht wie den letzten Kehricht behandeln, sondern ich werde mir liebevolle Gedanken machen, wie ich mit ihr umgehen und sie pflegen und bebauen kann."[58] Diese „liebevollen Gedanken" umfassen auch ökonomische Überlegungen zur Lösung der Umweltproblematik.

Literaturverzeichnis

Arbeitskreis Abfallwirtschaft und Recycling (1988): Arbeitskreis Abfallwirtschaft und Recycling, Vergraben? Verbrennen? Vergessen?, in: BUND (Hrsg.), BUNDpositionen 9, 2. Aufl., 1988

Bössmann (1979): Bössmann, E., Externe Effekte, in: Das Wirtschaftsstudium, 2/1979, S. 95-98 und 3/1979, S. 147-151

Bonus (1980): Bonus, H., Öffentliche Güter und der Öffentlichkeitsgrad von Gütern, in: Zeitschrift für die gesamte Staatswissenschaft 136, 1980, S. 50-81

Bundesumweltministerium (1992): Bundesumweltministerium (Hrsg.), Umweltschutz in Deutschland, Bonn 1992

Cansier (1975): Cansier, D., Ökonomische Grundprobleme der Umweltpolitik, Berlin 1975

Cochlovius (1990): Cochlovius, J., Die Verantwortung des Christen für Gottes Schöpfung, in: Cochlovius, J. (Hrsg.), Das Evangelium und die ökologische Katastrophe, Moers 1990, S. 8-19

Endrukaites-Tschudi (o.J.): Endrukaites-Tschudi, E., Umweltzerstörung in der Dritten Welt, in: BUND (Hrsg.), BUNDargumente, o.J. (UIN.001)

Frey (1985): Frey, B.S., Umweltökonomie, 2. Aufl., Göttingen 1985

Fußer (1988): Fußer, A., Verpackung: Wie Umwelt und Verbraucher eingewickelt werden, in: BUND (Hrsg.), BUNDfakten, 1. Aufl., 1988

Gäfgen (1985): Gäfgen, G., Ökonomie und Ökologie – Gegensätze und Vereinbarkeiten, in: Fakultät für Wirtschaftswissenschaften und Statistik Konstanz, 12/1985, Serie A, Nr. 212

Greenpeace (1992): Greenpeace (Hrsg.), Klima. Warten auf den Kollaps?, Greenpeace Argumente, Hamburg 1992

Hansmeyer/Rürup (1973): Hansmeyer, K.-H./Rürup, B., Umweltgefährdung und Gesellschaftssystem, in: Wirtschaftspolitische Chronik, 2/1973, S. 7-28

Hartkopf/Bohne (1983): Hartkopf, G./Bohne, E., Umweltpolitik 1, Opladen 1983

Klein (o.J.): Klein, H., So wird unser Wald gesundgelogen, in: BUND (Hrsg.), BUNDargumente, o.J. (NWA.003)

Krol (1984): Krol, G.-J., Das Umweltproblem aus ökonomischer Sicht – Ursachen und Maßnahmen, in: Verbraucherzeitung und wirtschaftliche Bildung, 1/1984, S. 17-24

o.V. (1992a): o.V., Umweltprobleme und Entwicklungsländer, in: Finanzierung und Entwicklung, 29. Jg., 1992, Nr. 2, S. 22–23

o.V. (1992b): o.V., Rasante Vernichtung der tropischen Wälder, in: Factum, 10/1992, S. 40

Rat von Sachverständigen (1978): Rat von Sachverständigen für Umweltfragen, Umweltgutachten 1978, Mainz/Stuttgart 1978

Siebert (1973): Siebert, H., Das produzierte Chaos, Stuttgart 1973

Siebert (1978): Siebert, H., Ökonomische Theorie der Umwelt, Tübingen 1978
Waack (1992): Waack, B., Joghurtbecher zu Parkbänken?, in: BUND (Hrsg.), BUNDargumente, 1. Aufl., 1992
Wicke (1982):Wicke, L., Umweltökonomie, München 1982

Fußnoten

1 Gäfgen (1985) 2.
2 Hansmeyer/Rürup (1973) 7.
3 Vgl. Wicke (1982) 5.
4 Vgl. Rat von Sachverständigen (1978) 20ff., Cansier (1975) 12.
5 entnommen aus: Krol (1984) 17.
6 Vgl. Bundesumweltministerium (1992) 22.
7 abgezeichnet aus: Krol (1984) 17.
8 Vgl. Siebert (1978) 16f.
9 Die Regenerations- bzw. Absorptionsfähigkeit der Umwelt meint die umweltqualitätsfördernde oder umweltqualitätsunschädliche Selbstreinigungs-, Aufnahme-, Ablagerungs- und Verdünnungskapazität der Umwelt. (Wicke [1982] 27).
10 Vgl. Cansier (1975) 12.
11 Vgl. Rat von Sachverständigen (1978) 19f., Siebert (1973) 44f.
12 Hartkopf/Bohne (1983) 2.
13 entnommen aus: Hartkopf/Bohne (1983) 40f.
14 entnommen aus: Bundesumweltministerium (1992) 16.
15 abgezeichnet aus: o.V. (1992a) 22.
16 entnommen aus: Greenpeace (Hrsg.) (1992) 7.
17 o.V. (1992b) 40.
18 abgezeichnet aus: o.V. (1992a) 23.
19 entnommen aus: Klein (o.J.) 4.
20 entnommen aus: Endrukaites-Tschudi (o.J.) 3.
21 entnommen aus: Arbeitskreis Abfallwirtschaft und Recycling (1988) 5.
22 entnommen aus: Fußer (1988) o.S.
23 entnommen aus: Waack (1992) 4.
24 entnommen aus: Arbeitskreis Abfallwirtschaft und Recycling (1988) 7.
25 Wicke (1982) 26.

26 o.V., Global 2000. Der Bericht an den Präsidenten, Frankfurt/M. 1980, S. 26, zitiert nach: Wicke (1982) 29f.

27 Vgl. zu den folgenden Ausführungen: Frey (1985) 89; Wicke (1982) 30; Siebert (1973) 59.

28 Vgl. Wicke (1982) 30ff.

29 Vgl. Siebert (1973) 60; Wicke (1982) 33f.

30 Vgl. Wicke (1982) 34f., Siebert (1973) 58ff. und 74ff.

31 Vgl. Siebert (1973) 76f., Wicke (1982) 36.

32 Siebert (1973) 77; siehe eine ausführliche Behandlung dieses Themenkomplexes bei Frey (1985) 60-86.

33 Vgl. Wicke (1982) 36f.

34 Vgl. Siebert (1973) 63f.

35 Vgl. Frey (1985) 49; Siebert (1978) 9.

36 Vgl. Cansier (1975) 16f.; Bonus (1980) 53ff.

37 Bonus (1980) 50.

38 Vgl. Wicke (1982) 38.

39 Frey (1985) 50.

40 Zum Beispiel und weiteren siehe ausführlich Wicke (1982) 38f.

41 Vgl. Siebert (1973) 64.

42 Bössmann (1979) 95.

43 Vgl. Cansier (1975) 18.

44 Vgl. Bössmann (1979) 147.

45 Vgl. Bössmann (1979) 96.

46 Vgl. Wicke (1982) 41.

47 Vgl. Wicke (1982) 42ff., Siebert (1973) 60.

48 Diese Thematik wird ausführlich bei Wicke (1982) 44-52 behandelt.

49 Vgl. Hartkopf/Bohne (1983) 81.

50 Vgl. Krol (1984) 19.

51 Vgl. Frey (1985) 40; Krol (1984) 19.

52 Vgl. Hansmeyer/Rürup (1973) 10ff.

53 Eine ausführliche Behandlung dieser Thematik findet sich bei H. Kreikebaum, Kehrtwende zur Zukunft, Neuhausen-Stuttgart 1988.

54 Siebert (1973) 60.

55 Vgl. Frey (1985) 37ff.

56 Vgl. Hartkopf/Bohne (1983) 64ff.

57 Cochlovius (1990) 13f.

58 Cochlovius (1990) 14.

PETER SCHNEIDER, MAINZ

Umweltsteuern

1. Umweltsteuern als marktwirtschaftliches Instrument der Umweltpolitik

1.1 Umweltpolitische Instrumente

Die umweltpolitische Diskussion war von Beginn an insbesondere eine Instrumentendiskussion. Denn während über die Zielsetzung einer besseren Umweltqualität weitgehende Einigkeit herrschte, war der Weg zum Ziel bzw. das anzuwendende Instrumentarium heftig umstritten. Mit Beginn der Umweltpolitik als eigenständig betriebenem Politikfeld dominierten in den 70er Jahren weitgehend ordnungsrechtliche Instrumente sowie Instrumente mit öffentlichen Ausgaben. Dazu zählen insbesondere Verbote, Auflagen und Subventionen. Eine Übersicht gibt Abbildung 1.

Ökonomen haben diese Entwicklung von Beginn an sehr kritisch begleitet, weil ordnungsrechtliche Instrumente und öffentliche Ausgaben in vielen Fällen ineffizient sind. Das heißt, diese Instrumente benötigen einen zu hohen ökonomischen Aufwand zur Erreichung ihres ökologischen Ziels. Darüber hinaus liegt ihnen nicht das Verursacherprinzip zugrunde, was zu einer unbefriedigenden Verteilung der Umweltschutzkosten führt.

Gerade das Verursacherprinzip ist dagegen das Grundprinzip marktwirtschaftlicher Instrumente. Zertifikate, Umweltabgaben und haftungsrechtliche Lösungen belasten den Verursacher proportional zur jeweiligen Umweltbelastung bzw. -gefährdung. Diese Instrumente ermöglichen dem verursachenden Wirtschaftssubjekt, also Konsument oder Produzent, selbst über technische Maßnahmen und Verhaltensweisen zu entscheiden. Denn nur der Verursacher selbst kennt die eigenen Quellen der Umweltbelastung und damit auch die optimalen Vermeidungsstrategien. Marktwirtschaftliche Instrumente aktivieren das Selbstinteresse im Sinne einer gesamtwirtschaftlichen Zielsetzung, weil sie die Umweltbelastung graduell verteuern und den Umweltschutz graduell verbilligen. Sie üben einen Anreiz aus, Umweltbelastungen über ordnungsrechtliche Vorgaben hinaus zu reduzieren. In politischen Stellungnahmen hat sich zuletzt ein deutliches Umdenken zugunsten der marktwirtschaftlichen Instrumente gezeigt, insbesondere in der Europäischen Gemeinschaft. In der politischen Durchsetzung gibt es jedoch nach wie

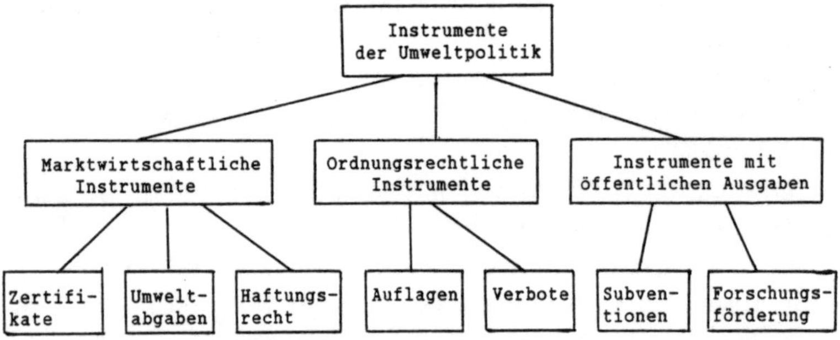

Abb. 1: Klassifizierung und Beispiele umweltpolitischer Instrumente

vor ein gravierendes Defizit gemessen an den verbalen Verlautbarungen.

Die Klassifizierung eines Instruments in eine der drei genannten Kategorien ist nicht immer eindeutig, denn die Übergänge zwischen den Kategorien der umweltpolitischen Instrumente sind fließend. Zum Beispiel beinhaltet die deutsche Abwasserabgabe, die ursprünglich als lenkende Umweltabgabe konzipiert war, Elemente aller drei Instrumentkategorien: Die Aufteilung in verschiedene Technologieklassen entspricht dem Prinzip der Auflagen, die proportionale Abgabenzahlung innerhalb einer dieser Klassen entspricht dem Konzept von Umweltabgaben und die Finanzierung von Klärtechniken aus Mitteln der Abwasserabgabe entspricht der Instrumentenkategorie ‚öffentliche Ausgaben'.

Die grundsätzliche Überlegenheit marktwirtschaftlicher Instrumente gerade bezüglich der Effizienz ändert jedoch nichts an der Notwendigkeit anderer Instrumente in Einzelfällen. Das richtige Instrument bzw. Instrumentenmix ist jeweils abhängig von der konkreten Form der Umweltbelastung. Soll z.B. ein bestimmter umweltbelastender Faktor völlig aus dem Produktionsprozeß eliminiert werden, wie es für Fluorkohlenwasserstoffe (FCKWs) vorgesehen ist, hilft nur noch ein Verbot. Marktwirtschaftliche Instrumente greifen hier nicht mehr, weil diese den Wirtschaftssubjekten immer eine Restbelastung der Umwelt zubilligen.

1.2 Umweltsteuern als Form der Umweltabgaben

Umweltabgaben sind im Sinne von lenkenden Umweltabgaben zu verstehen, die das Ziel verfolgen, den mit der Abgabe belasteten Umweltfaktor zu reduzieren. Im Gegensatz dazu wird der Begriff der Umweltabgaben auch im Sinne von Umweltfinanzierungsabgaben verwendet, was zu erheblichen Begriffsverwirrungen in der politischen und umweltökonomischen Diskussion geführt hat. Umweltfinanzierungsabgaben sollen Einnahmen erbringen, die zur Finanzierung bestimmter umweltpolitischer Zwecke oder Projekte verwendet werden. Ein Beispiel ist der sogenannte Wasserpfennig in Baden-Württemberg.

Als Objekt bzw. Bemessungsgrundlage zur Erhebung von Umweltabgaben sind sehr unterschiedliche Ansätze denkbar. Sie unterscheiden sich durch die Stelle im Produktionsprozeß, an der die Umweltabgabe ansetzt. Das Ziel bei der Wahl des Abgabeobjekts bzw. der Bemessungsgrundlage muß es sein, den zu reduzierenden Faktor so unmittelbar wie möglich zu erfassen. Umweltbelastend produzierte Endprodukte haben als Abgabeobjekt daher den Nachteil, daß Unterschiede im Produktionsprozeß bezüglich der Umweltbelastung nicht berücksichtigt werden. Ebenso problematisch sind Technologien als Besteuerungsobjekt. Sie üben zwar einen Anreiz zur Erneuerung umweltbelastender Techniken aus, doch sie erfassen nicht die absolute Menge der Schadstoffe. Wird eine neue Technologie angewandt, besteht kein Anreiz, die Schadstoffmenge noch weiter zu reduzieren. Den besten Ansatz in diesem Sinne bilden daher die Emissionsabgaben, weil sie die Umweltbelastung im eigentlichen Sinne erfassen. Emissionen sind jedoch administrativ schwieriger zu erfassen gegenüber anderen Objekten. Gerade diese administrativen Erfordernisse sprechen für Rohstoff- bzw. Inputabgaben, doch ist hierbei zu beachten, daß unterschiedliche Umweltwirkungen im Produktionsprozeß der Rohstoffverarbeitung nicht berücksichtigt werden, und damit ebenfalls nicht die absolute Menge der Schadstoffe. Rohstoffabgaben können jedoch zusätzlich ressourcenökonomisch begründet werden, d.h. die Belastung mit einer Abgabe soll die Nutzungsdauer nichtregenerierbarer Rohstoffe verlängern.

Weil alle Abgabeobjekte bestimmte Probleme aufweisen, kann das optimale Abgabeobjekt nur im konkreten Einzelfall bestimmt werden. Abbildung 2 zeigt die verschiedenen Kategorien für Abgabeobjekte im Überblick.

Das Ausmaß der Umweltbelastung wird mit der Höhe des Abgabesatzes gesteuert. Es wird angenommen, daß sich Konsumenten und Produzenten rational verhalten, das heißt sie maximieren ihren Nutzen bzw. minimieren ihre Kosten. Dann wird der Verbrauch eines Umweltfaktors um so geringer ausfallen, je höher der Abgabesatz gesetzt wird.

Umweltsteuern sind als spezielle finanzrechtliche Form der Umweltabgaben zu verstehen. Die Ausführungen über Abgabeobjekt und -satz gelten daher uneingeschränkt auch für Umweltsteuern. Außer als Umweltsteuern können Umweltabgaben noch in den anderen finanzrechtlichen Formen als Gebühren, Beiträge und Sonderabgaben realisiert werden,[1] wie ebenfalls Abbildung 2 zeigt.

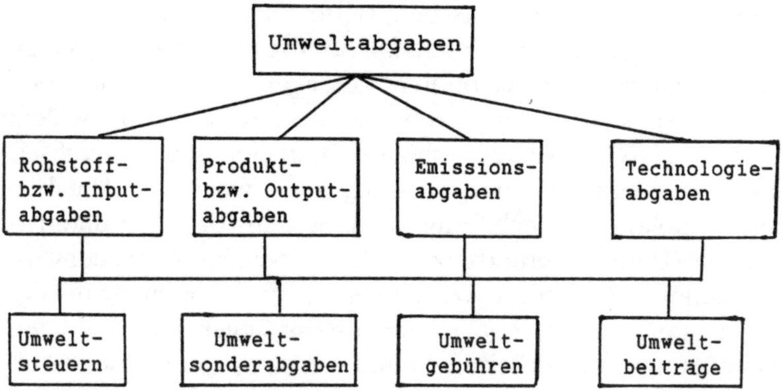

Abb. 2: Klassifizierung von Umweltabgaben

Gebühren, Beiträge und Sonderabgaben sind im Unterschied zu Steuern an spezielle Erhebungs- und Verwendungsvorgaben gebunden. Insbesondere die Sonderabgaben, die neben den Umweltsteuern als häufigste Form der Umweltabgaben genannt werden, unterliegen sehr restriktiven juristischen

Voraussetzungen. In diesem Zusammenhang muß noch erwähnt werden, daß umweltbezogene Sonderabgaben im politischen Bereich häufig mit dem Begriff der Umweltabgaben gleichgesetzt werden, was im Widerspruch zur hier verwendeten wirtschaftswissenschaftlichen Terminologie steht. Dies hat zu erheblichen Begriffsverwirrungen im Bereich der Umweltabgaben geführt.

Besonders zu beachten sind die engen Grenzen in der Aufkommensverwendung, wie sie für die Abgabeformen Gebühren, Beiträge und Sonderabgaben gesetzt sind. Das Abgabeaufkommen muß für Zwecke verwendet werden, die im Zusammenhang mit dem Erhebungstatbestand stehen, für jede Abgabeform nach speziellen Vorgaben. Diese Vorgaben können die umweltpolitisch gewünschte Wirkung zwar verstärken, weil neben der Abgabeerhebung dann auch die Abgabeverwendung im Sinne der umweltpolitischen Zielsetzung eingesetzt werden kann, doch die gesamtwirtschaftliche Abgabenbelastung steigt. Abgaben in Form von Gebühren, Beiträgen und Sonderabgaben sind in großem Umfang nicht möglich, weil sie mit vollem Umfang die Abgabequote erhöhen. Ihrer politischen Durchsetzung sind damit Grenzen gesetzt, auch wenn die Abgaben umweltpolitisch gerechtfertigt sind. Steuern dagegen unterliegen dem Haushaltsgrundsatz der ‚Non-Affektation', das heißt ihr Aufkommen darf grundsätzlich nicht im Zusammenhang mit der Verwendung stehen. Steuern sind also im Gegensatz zu anderen Abgabeformen ausdrücklich befreit von zweckgebundenen Aufkommensverwendungen.

1.3 Der Zusatznutzen von Umweltsteuern

Gerade aus der fehlenden Zweckbindung des Steueraufkommens resultiert ein Zusatznutzen der Umweltsteuern, der diesen einen entscheidenden Vorteil gegenüber sonstigen Umweltabgaben und auch gegenüber anderen umweltpolitischen Instrumenten, wie z.B. Zertifikaten, bringt. Denn das Aufkommen aus Umweltsteuern kann durch Senkung oder Abschaffung anderer

Abgaben bzw. Steuern kompensiert werden, um die gesamtwirtschaftliche Abgabenbelastung zu stabilisieren. Das heißt, die Steuer- und Abgabenquote braucht nicht notwendigerweise erhöht werden. Umgekehrt kann eine Erhöhung der Steuer- und Abgabenquote auch nicht mit der Einführung oder Erhöhung von Umweltsteuern gerechtfertigt werden.

Umweltsteuern ermöglichen die Senkung von Abgaben bzw. Steuern, die sich negativ auf die Konjunktur auswirken. Darin liegt der Zusatznutzen von Umweltsteuern. Erst dadurch entfalten Umweltsteuern ihr vollständiges Wirkungsspektrum, denn die positiven konjunkturellen Folgewirkungen von Abgabe- und Steuersenkungen können erheblich sein. Umweltsteuern sind also immer im Zusammenhang einer ökologischen Steuerreform zu betrachten, die sowohl die Erhebung von Umweltsteuern als auch die kompensierende Reduzierung anderer Steuern bzw. Abgaben beinhaltet. Nur so kann das Wirkungsspektrum von Umweltsteuern in seiner Gesamtheit beurteilt werden.

Für die Frage, bei welchen Steuern oder Abgaben die Reduzierungen ansetzen sollen, stellt sich die Frage der Kriterien. Einen Ansatz bieten solche Steuern und Abgaben, deren Reform unabhängig von der ökologischen Steuerreform ohnehin diskutiert wird. Dazu werden drei Beispiele genannt:

1. Zur Zeit der rationalisierungsbedingten Entlassungen von Arbeitskräften in den 70er Jahren wurde die Senkung der Lohnnebenkosten diskutiert.[2] Eine Wertschöpfungssteuer sollte die lohnbezogenen Sozialbeiträge zumindest teilweise ersetzen, weil diese den Rationalisierungsdruck erheblich verstärkten. Die Konzepte scheiterten an der Schwierigkeit, eine geeignete und politisch akzeptierte Bemessungsgrundlage für die neue Steuer zu definieren.
2. Der vom Bundesverfassungsgericht 1992 erhobenen Forderung nach Erhöhung des Grundfreibetrags der Lohn- und Einkommenssteuer wurde nicht unmittelbar nachgekommen, weil eine alternative Einnahmequelle fehlte.

3. Die von der Bundesregierung geplante Gewerbesteuerreform, die aus steuersystematischen Gründen gefordert wird, ist bisher gescheitert, weil auch hierfür eine alternative Einnahmequelle fehlt. Eine solche Einnahmequelle müßte, entsprechend der Gewerbesteuer, auch die kommunalen Gebietskörperschaften berücksichtigen.

Alle drei genannten Ansätze der Abgabe- und Steuerreform sehen nicht zwingend eine gesamtwirtschaftliche Abgabe- bzw. Steuerreduzierung vor, sondern nur eine partielle Reduzierung, die auf die jeweilige Abgabe- und Steuerart bezogen ist. Die Schwierigkeit ihrer politischen Durchsetzung ergibt sich mangels alternativer Einnahmequellen. Die Einführung von Umweltsteuern im Rahmen einer ökologischen Steuerreform wäre in allen drei genannten Fällen diese Alternative.

2. Energiesteuern als Kern eines Pakets von Umweltsteuern

2.1 Energiesteuern

Eine Fülle von Umweltbelastungen ist direkt oder indirekt mit der Verbrennung fossiler Energieträger verbunden. Eine Reduzierung des Energieverbrauchs zieht daher eine entsprechende Reduktion der Umweltbelastungen nach sich.

Verschiedene umweltpolitische Konzepte sehen eine Besteuerung der Primärenergie vor, um den Energieverbrauch zu reduzieren. Im einzelnen werden die folgenden Teilziele verfolgt:

- Reduzierung der Schadstoffemissionen SO_2 und NO_x, die als Ursache des Waldsterbens betrachtet werden.
- Reduzierung der energiebedingten klimarelevanten Spurengase, dazu zählt neben CO_2 insbesondere Methan (CH_4) und Ozon (O_3) der Troposphäre.

– Bewahrung von Energieressourcen für nachfolgende Generationen.

Die als Alternative zur Energiesteuer häufig vorgeschlagene CO_2-Steuer orientiert sich allein am CO_2-Gehalt der verschiedenen Energieträger. Genausogut könnte eine Methan-Steuer begründet werden, weil auch Methan-Emissionen zum Treibhauseffekt beitragen. Außerdem ist der Treibhauseffekt nicht das einzige energiebedingte Umweltproblem. In der vorliegenden Arbeit wird das Konzept der Energiesteuer aufgegriffen, weil es die energiebedingten Umweltwirkungen im umfassenden Sinne berücksichtigt.

Im folgenden wird eine Modellrechnung skizziert, die als Steuerobjekt den Energiewert der fossilen Energieträger Steinkohle, Braunkohle, Mineralöl und Erdgas zugrunde legt. Für das Ziel, die Verbrennung dieser Energieträger zu reduzieren, gibt es einen breiten politischen Konsens.

Es wird ein Steuersatz von 15 DM pro Gigajoule (GJ) vorgesehen, der stufenweise in einem Anpassungsprozeß über zehn Jahre erreicht werden soll. Die Höhe des Steuersatzes orientiert sich an vergleichbaren Modellrechnungen,[3] für die eine genaue Wirkungsanalyse jedoch noch aussteht. Die Zahlenangaben können daher zunächst nur als grobe Annäherung an die tatsächlichen Wirkungszusammenhänge gewertet werden. Der Steuersatz von 15 DM/GJ ist dabei zum einen ausgelegt auf die Zielsetzung der Bundesregierung, die CO_2-Emissionen bis zum Jahr 2005 um 25–30% gegenüber 1987 zu reduzieren, und zum anderen ausgelegt darauf, daß parallel zur Reduzierung der CO_2-Emissionen auch der Ausstieg aus der Kernenergie vollzogen wird. Die Bindung der Energiesteuer an das CO_2-Emissionsziel ergibt sich dadurch, daß CO_2-Emissionen direkt an den Verbrauch des jeweiligen Energieträgers gekoppelt sind. Für den Fall, daß die Kernenergieproduktion stabilisiert oder ausgebaut wird, wäre die angestrebte CO_2-Reduktion auch mit einer geringeren Energiesteuer möglich.

Mit der Annahme, daß die skizzierte Energiesteuer von 15 DM/GJ, stufenweise im Zeitraum von 1996 bis 2005 eingeführt, eine Reduzierung der Verbrennung fossiler Energieträger um 25% erreicht, ergibt sich ein Steueraufkommen von 143 Mrd. DM im Jahr 2005.[4] Wird die CO_2-Reduktion in erheblichem Umfang durch Substitutionen zwischen den Energieträgern erreicht statt durch Energieeinsparungen, erhöht sich das Steueraufkommen entsprechend. Wenn der nichtenergetische Verbrauch in die Energiesteuer aus ressourcenökonomischen Gründen einbezogen wird, erhöht sich das Steueraufkommen ebenfalls.

2.2 Ein Paket von Umweltsteuern

Gegen die ökologische Steuerreform wird von Kritikern mitunter angeführt, daß ein „Totalumbau" des deutschen Steuersystems „völlig illusionär"[5] sei. Kein ernstzunehmender Vorschlag zur ökologischen Steuerreform sieht indes die Umgestaltung des Steuersystems zu einem ökologischen Steuersystem vor, daß primär oder gar ausschließlich nach umweltpolitischen Zielen ausgerichtet ist. Vielmehr soll ein Paket von Umweltsteuern als dritte Säule im deutschen Steuersystem entstehen, neben der direkten Einkommensbesteuerung einerseits und der indirekten Besteuerung des Verbrauchs und der Wertschöpfung andererseits.[6] Damit bewirkt die ökologische Steuerreform eine Ergänzung des Steuersystems um umweltpolitische Ziele, ohne die traditionellen Aufgaben des Steuersystems zu vernachlässigen.

Die einzelnen Umweltsteuern sind auf die Umweltbereiche Luft, Wasser und Boden zu verteilen und nach ökologischen Kriterien aufeinander abzustimmen, so daß das resultierende Paket von Umweltsteuern zusammen mit ergänzenden umweltpolitischen Instrumenten die wesentlichen Quellen der Umweltbelastung erfaßt. Neben der Energiesteuer, die aufgrund der vielfältigen energiebedingten Umweltbelastungen den Kern des Pakets bildet, stehen folgende Umweltsteuern zur Diskussion:

Eine *Erhöhung der Mineralölsteuer* auf Kraftstoffe ist als Ergänzung zur Energiesteuer erforderlich, weil Kraftstoffe nur unterproportional verteuert werden. Bei einem Preis von 28 bis

35 DM/GJ für Kraftstoffe[7] wirkt die Energiesteuer prozentual sehr viel weniger auf den Preis gegenüber z.B. der Importkohle. Diese wird bei einem Preis von nur 3 DM/GJ prozentual erheblich belastet.

Die *Umgestaltung der Kfz-Steuer zu einer Emissionssteuer* ist als Ergänzung zur Energie- bzw. Kraftstoffbesteuerung erforderlich, weil die Besteuerung des Kraftstoffverbrauchs keinen Anreiz auf emissionsmindernde Techniken, die über die Kraftstoffreduzierung hinausgehen, ausübt. Weil CO_2-Emissionen mit der Kraftstoffbesteuerung erfaßt sind, sollte die Bemessungsgrundlage der Kfz-Steuer auf Emissionen von SO_2, NO_x und Lärm aufgebaut werden.

Eine *Flugbesteuerung* ist auf der Basis von Start- und Landegebühren zu erheben. Sie ergänzt die Energiesteuer, weil diese im Bereich des Flugverkehrs zu starken Ausweichreaktionen führt. Aufgrund der Internationalität des Flugverkehrs ist eine Energiesteuer nahezu wirkungslos, wenn der Flugverkehr reduziert oder nicht weiter gesteigert werden soll. Die Flugbesteuerung sollte an den Lärmemissionen anknüpfen, weil im Flugverkehr gerade die Lärmbelastung bei Starts und Landungen einen wesentlichen Emissionsfaktor darstellt.

Eine *Flächenversiegelungssteuer* sollte dazu beitragen, daß die versiegelte Fläche und die damit verbundenen Umweltgefahren begrenzt werden. Diese Steuer könnte, entsprechend der Grund- und Gewerbesteuer, mit Hebesätzen der Länder und Kommunen ausgestaltet werden.

Bei allen Umweltsteuern ist die zeitliche Staffelung der Einführung von besonderer Bedeutung. Der Steuersatz wird schrittweise in einem Zeitraum von 10 bis 30 Jahren erhöht. Zu hohe sprunghafte Steuersatzsteigerungen verfehlen ihren Sinn, wenn der Zeitraum für Vermeidungsinvestitionen zu kurz ist. Entscheidend ist, daß die notwendigerweise hohen Steuersätze frühzeitig und verbindlich angekündigt werden, so daß Konsumenten und Produzenten auf der Grundlage dieser Ankündigungen langfristig angelegte Kauf- und Investitionsentscheidungen treffen können.

Daß die Erhebung und dynamische Steigerung von Umweltsteuern langfristig angelegt sein muß, zeigt auch das Beispiel der Zielvorgaben in der CO_2-Reduktion durch die Enquete-Kommission ‚Vorsorge zum Schutz der Erdatmosphäre' des 11. Deutschen Bundestages. Diese schlägt eine schrittweise Reduktion um 30% bis 2005, um 50% bis 2020 und 80% bis 2050 vor.

3. Umweltsteuern im Rahmen einer ökologischen Steuerreform

3.1 Anforderungen an eine ökologische Steuerreform

Eine ökologische Steuerreform muß die vielfältigen Aufgaben und Restriktionen des historisch gewachsenen Steuersystems berücksichtigen. Daraus ergeben sich Anforderungen, die insbesondere bei der Wahl der zu reduzierenden Steuern und Abgaben zu berücksichtigen sind:

- *Aufkommensneutralität*: In Höhe des geschätzten Aufkommens aus Umweltsteuern sind bisherige Abgaben bzw. Steuern abzuschaffen oder zu reduzieren. Die Abgabenquote bleibt bezüglich des geschätzten Aufkommens unverändert.
- *Preisstabilität:* Soweit Umweltsteuern in der Produktion erhoben werden, muß diese auch in entsprechender Höhe durch Senkung anderer Abgaben bzw. Steuern entlastet werden. Die zu reduzierenden Steuern und Abgaben sind so auszuwählen, daß Konsumenten und Produzenten jeweils in gleichem Umfang entlastet werden, wie sie durch Umweltsteuern betroffen sind.
- *Sozialverträglichkeit bzw. Verteilungsgerechtigkeit:* Steuern wirken sich sehr unterschiedlich auf die Einkommens- und Vermögensverteilung in der Bevölkerung aus. Die ergänzende Wirkung von eingeführten Umweltsteuern und zu reduzierender Abgaben muß die Verteilungsgerechtigkeit zwischen den verschiedenen Einkommensschichten berücksichtigen.
- *Internationale Wettbewerbsfähigkeit:* Soweit Umweltsteuern nur

auf nationaler Ebene erhoben werden, haben exportorientierte Unternehmen in dieser Hinsicht einen Wettbewerbsnachteil gegenüber ihren ausländischen Konkurrenten. Doch die Unternehmen werden ja insgesamt durch Abgabe- bzw. Steuerreduktionen in gleichem Umfang entlastet, wie sie durch Umweltsteuern betroffen sind. Daß hier natürlich unterschiedliche Be- und Entlastungen für verschiedene Branchen auftreten, ermöglicht dabei gerade den gewollten ökologischen Strukturwandel der Wirtschaft.

3.2 Reduzierung von Steuern und Abgaben zur Kompensation des Umweltsteueraufkommens

Im folgenden wird eine Möglichkeit vorgetragen, die das vorgestellte Paket von Umweltsteuern um die zu reduzierenden Steuern und Abgaben ergänzt. Erst dadurch wird ein Konzept zur ökologischen Steuerreform komplettiert.

Dazu ist zunächst festzulegen, welches Ziel mit der Reduktion von Steuern und Abgaben verfolgt werden soll, denn eine solche Reduktion bietet einen nicht unerheblichen politischen Gestaltungsspielraum. Aufgrund der hohen Arbeitslosigkeit wird hier, wie auch in verschiedenen anderen Konzepten der ökologischen Steuerreform, das Ziel verfolgt, die Bedingungen des Arbeitsmarktes zu verbessern.

Weil die Sozialabgaben der Arbeitgeber unmittelbar und in voller Höhe die Lohnnebenkosten erhöhen, wird vorgeschlagen, sie stufenweise zu reduzieren.[8] Dies vermindert den Rationalisierungsdruck und sichert daher Arbeitsplätze. Der Anreiz, Arbeitskräfte einzustellen, wird erhöht. Das Volumen der Arbeitgeberanteile zur Sozialversicherung betrug 175 Mrd. DM in 1991, bezogen auf das Bundesgebiet vor dem 3.10.1990.[9] Die Sozialversicherungen werden im Umfang der Reduzierung dann aus Mitteln der Umweltsteuern finanziert.

Parallel dazu wird die Lohn- und Einkommensteuer stufenweise reduziert. Die Reduzierung erfolgt derart, daß die unteren Lohngruppen überproportional profitieren. Dies ist erforderlich aufgrund der regressiven Wirkung von Umweltsteuern, d.h. die Umweltsteuern belasten die unteren Lohn- und Einkommensgruppen überproportional. Der Umfang der Reduktion soll dem Aufkommen derjenigen Umweltsteuern entsprechen, die unmittelbar auf Endprodukte erhoben werden und den Verbraucher somit unmittelbar belasten. Damit ist gewährleistet, daß Verbraucher und Produzenten in jeweils gleichem Maße durch Steuern und Abgaben entlastet werden, wie ihnen Umweltsteuern zugemutet werden.

Im Fall der Energiesteuern werden etwa drei Viertel der besteuerten Brennstoffprodukte von Unternehmen und ein Viertel als Endprodukt von privaten Haushalten verbraucht. Wenn bei der Reduzierung der Sozialbeiträge mit der Rentenversicherung begonnen wird, müßte auf dieser Grundlage die Entlastung der Lohn- und Einkommenssteuer ca. 30 Mrd. DM betragen, weil die Unternehmen um die Rentenversicherungsbeiträge in Höhe von ca. 90 Mrd. DM entlastet werden. Daraus ergibt sich eine gesamte Abgabenreduzierung von insgesamt 120 Mrd. DM, wovon 103 Mrd. DM allein schon durch die Energiesteuern abgedeckt werden.[10]

Soweit das Steueraufkommen aus den vorgeschlagenen Umweltsteuern über 120 Mrd. DM hinausgeht, können entweder weitere Sozialbeiträge reduziert werden oder aber auch die geplante Reform der Gewerbesteuern erfolgen. Im Rahmen dieser ökologischen Steuerreform eignet sich als Pendant zur Gewerbesteuer insbesondere die Flächenversiegelungssteuer, weil diese Hebesätze auf Gemeindeebene zuläßt.

Das bisher dargestellte Konzept muß noch weiter detailliert werden, weil nicht alle Personengruppen von der Reduzierung der Lohn- und Einkommensteuer profitieren, wohl aber von den Umweltsteuern betroffen sind. Die Sozialverträglichkeit der ökologischen Steuerreform ist sicherzustellen, wie es in den Anforderungen schon postuliert worden ist. Verschiedene Vorschläge zur ökologischen Steuerreform sehen für diesen Fall Transferleistungen vor, z.B. höhere Renten. Der Anspruch der ökologischen Steuerreform als aufkommensneutral ist dann jedoch in Frage gestellt. Um Aufkommensneutralität zu gewährleisten, müssen diese Transferleistungen aus den Mitteln der Umweltsteuern finanziert werden. Diese Mittel müssen aber gleichzeitig auch die Finanzierungslücke schließen, die durch die Reduzierung von Abgaben entstanden ist.

Ein Lösungsansatz für dieses Problem ergibt sich aus der geänderten Finanzierung der Sozialversicherungen. Denn diese werden als Folge der skizzierten ökologischen Steuerreform aus Mitteln der Umweltsteuern statt aus Arbeitgeberanteilen finanziert. Während die personenbezogenen Arbeitgeberanteile der Rentenversicherung proportional zum eingezahlten Beitrag an die einzelnen Rentner zurückfließen, kann der Staat nicht verpflichtet werden, aus Mitteln der Umweltsteuern progressive Rentenzahlungen zu finanzieren, die die Bezieher hoher Renten bevorzugen. Es wäre vielmehr geboten, aus diesen Mitteln eine Grundrente zu finanzieren, die für alle Rentner gleich ausfällt und für die niedrigen Rentengruppen eine Erhöhung bedeutet. Diese Grundrente ergänzt die bleibende Rente nach dem bisherigen Modus, die sich aus den Arbeitnehmeranteilen finanziert. Soweit die Grundrente unterhalb der bisherigen halben Durchschnittsrente liegt, verbleibt ein Betrag, der zur Erhöhung anderer Sozialleistungen, z.B. Sozialhilfe und Ausbildungsförderung, verwendet werden kann. Für diese Berechnung wurde die halbe Durchschnittsrente als Basis herangezogen, weil die Rentenzahlungen derzeit je zur Hälfte aus Arbeitnehmer- und Arbeitgeberzahlungen finanziert werden.

3.3 Parteien zur ökologischen Steuerreform

Die Regierungsparteien CDU/CSU und FDP beschränken sich auf die Forderung nach bestimmten Umweltabgaben in Form von Sonderabgaben. Im Mittelpunkt der Diskussion steht der Treibhauseffekt und damit die CO_2-Emissionen und Energie als Abgabeobjekt. Die in der Koalitionsvereinbarung 1991 getroffene Vereinbarung einer CO_2-Abgabe wurde aber noch im gleichen Jahr wieder verworfen. Die Wirkung der von der

Bundesregierung konzipierten CO_2-Abgabe war jedoch ohnehin umstritten, weil sie nur sehr niedrige Abgabesätze vorsah. Diese niedrigen Abgabesätze sind begründet in der Abgabeform als Sonderabgabe, die keine kompensierende Reduzierung anderer Steuern und Abgaben zuläßt.

In Form einer Steuer lehnen CDU/CSU und FDP eine national beschränkte CO_2- oder Energieabgabe ab, um Wettbewerbsverzerrungen im Europäischen Binnenmarkt zu vermeiden. Sie befürworten jedoch eine entsprechende Initiative der EG-Kommission, die eine kombinierte CO_2-/Energiesteuer vorgeschlagen hat, die auf Ebene der Mitgliedsländer aufkommensneutral kompensiert werden soll. Die EG wiederum bindet ihre Pläne an die Bedingung, daß auch Japan und die USA eine entsprechende Steuer einführen, um Verzerrungen des internationalen Wettbewerbs zu vermeiden.

Die SPD hat im Vorfeld der Bundestagswahl 1990 mit ihrem Konzept ‚Fortschritt 90' die Initiative ergriffen für eine ökologische Steuerreform in sehr kleinem Umfang von 32 Mrd. DM, schwerpunktmäßig im Energiebereich. Umweltpolitisch ergeben sich die Probleme des Konzepts aus der geringen Steuererhöhung von 50 Pf für Kraftstoffe, die kaum ökologische Entlastung verspricht, sowie aus der völligen Ausklammerung des Kohleverbrauchs. Wirtschaftspolitisch liegt das Problem des Konzepts in der einseitigen steuerlichen Entlastung der Konsumenten über die Lohn- und Einkommensteuer, während die Belastung durch Umweltsteuern auch die Unternehmen trifft. Die postulierte Aufkommensneutralität ist nicht gegeben, weil aus dem Umweltsteueraufkommen auch zusätzliche Transferleistungen finanziert werden sollen.

Als erste Partei in der Bundesrepublik Deutschland forderte die Ökologisch-Demokratische Partei (ÖDP) schon 1983 eine umfassende ökologische Steuerreform, denn die Ausrichtung auf eine ökologisch-soziale Marktwirtschaft war einer der wesentlichen Gründe, der zur Trennung zwischen der ÖDP-Gründerorganisation Grüne Aktion Zukunft (GAZ) und den Grünen führte. Diese lassen in ihren Parteiprogrammen jeglichen Ansatz einer ökologischen Steuerreform vermissen. Allenfalls ihre realpolitischere Bundestagsfraktion legte bis 1990 verschiedene Ansätze zu Umweltsteuern vor. Trotz eines Aufkommens von 83 Mrd. DM, schwerpunktmäßig im Energiebereich, sollen Umweltsteuern zusätzlich zum bestehenden Steuer- und Abgabesystem erhoben werden, also ohne kompensierende Reduzierung anderer Steuern und Abgaben.

Literatur:

Bartmann, Hermann, Präventive Umweltpolitik, in: Bartmann, Hermann/John, Klaus D. (Hrsg.), Präventive Umweltpolitik – Beiträge zum 1. Mainzer Umweltsymposium, Wiesbaden, 1992, S. 11–25.

Binswanger, Hans Christoph u.a., Arbeit ohne Umweltzerstörung – Strategien einer neuen Wirtschaftspolitik, 2. Aufl., Frankfurt, 1988.

Binswanger, Hans Christoph/Nutzinger, Hans G./Zahrnt, Angelika, Umwelt(-)Steuern, hrsg. vom Bund für Umwelt- und Naturschutz (BUND), Bonn, 1990.

Braunschweig, Arthur, Energieabgabe und Rentenversicherung – Überlegungen und Berechnungen für die Bundesrepublik Deutschland, in: Nutzinger, Hans G./Zahrnt, Angelika, Für eine ökologische Steuerreform, Frankfurt/M., 1990, 196–224.

Bundesministerium für Wirtschaft, Energiedaten '90, Bonn, 1991.

EG-Kommission, Eine Gemeinschaftsstrategie für weniger Kohlendioxydemissionen und mehr Energieeffizienz – Mitteilung der Kommission an den Rat, Brüssel, 1991.

Enquete-Kommission Vorsorge zum Schutz der Erdatmosphäre, Schutz der Erde: Eine Bestandsaufnahme mit Vorschlägen zu einer neuen Energiepolitik – Dritter Bericht der Enquete-Kommission des 11. Dt. Bundestages ‚Vorsorge zum Schutz der Erdatmosphäre', hrsg. vom Dt. Bundestag, Bonn, 1990.

Hansmeyer, Karl-Heinrich/Schneider, Hans K., Zur Fortentwicklung der Umweltpolitik unter marktsteuernden Aspekten, Göttingen, 1990.

Meßerschmidt, Klaus, Umweltabgaben als Rechtsproblem, Berlin, 1986.

Nutzinger, Hans G./Zahrnt, Angelika, Energie sparen durch Energiesteuern, in: Nutzinger/Zahrnt (Hrsg.): Für eine ökologische Steuerreform, Frankfurt, 1990, S. 13–39.

Rürup, Bert, Reform der Arbeitgeberbeiträge zur gesetzlichen Rentenversicherung, in: Wirtschaftsdienst XI, 1979, 547–554.

Statistisches Bundesamt, Statistisches Jahrbuch 1992, Stuttgart, 1992.

1 Zur Zulässigkeit verschiedener Abgabeformen als Umweltlenkungsabgaben vgl. Meßerschmidt (1986), S. 110 ff.

2 Vgl. Rürup (1979), S. 547 ff.

3 Vgl. z.B. Binswanger/Nutzinger/Zahrnt (1990), S. 20, Braunschweig (1990), S. 201 ff., sowie Enquete-Kommission Vorsorge zum Schutz der Erdatmosphäre (1990), S. 155 ff. und 412, in dieser Modellrechnung ist die Höhe des Steuersatzes für das Szenario des Kernenergie-Ausstiegs jedoch umstritten, vgl. S. 437. Vgl. auch Bartmann (1992), S. 21: „Zu denken ist insbesondere an eine Primärenergiesteuer von zunächst 2–3 Pf/kWh, die danach für 7–8 Jahre um 1 Pf jährlich erhöht wird..." 1 Pf/kWh entspricht umgerechnet 2,80 DM/GJ. Das 1991 beschlossene Konzept der EG-Kommission sieht nur einen Steuersatz von etwa 3 DM/GJ vor, doch sieht die Zielsetzung der EG-Kommission nur eine Stabilisierung der CO_2-Emissionen bis zum Jahr 2000 vor, vgl. EG-Kommission (1991).

4 Berechnet auf Basis des Primärenergieverbrauchs der fossilen Energieträger Kohle, Erdöl und Erdgas, abzüglich des nichtenergetischen Verbrauchs, bezogen auf das gesamte Bundesgebiet, vgl. Bundesministerium für Wirtschaft (1991), S. 33 ff.

5 Vgl. Hansmeyer/Schneider (1990), S. 71.

6 Vgl. Nutzinger/Zahrnt (1990), S. 21.

7 Tankstellenpreise für Diesel und Normalbenzin in 1990.

8 Einen Zusammenhang zwischen Umwelt- bzw. Energiesteuern einerseits und Reduzierung der Lohnnebenkosten, speziell der Rentenversicherung andererseits, sahen zuerst Binswanger u.a. (1988), S. 244 ff.

9 Vgl. Statistisches Bundesamt (1992), S. 489. Für die neuen Bundesländer liegen noch keine zuverlässigen Daten vor.

10 Die 103 Mrd. beziehen sich auf die alten Bundesländer. Diese Beschränkung erfolgt, um eine einheitliche Datenbasis zu den reduzierten Sozialversicherungsbeiträgen zu gewährleisten.

MARCO STEIH, FRANKFURT

Strategische Konzepte des Umweltmanagements

1. Einleitung

Schon durch den Titel wird deutlich, daß es um einen Gegenstand geht, der Aufgabe der Unternehmensleitung ist. Die Erkenntnis, daß ein umweltbewußtes unternehmerisches Handeln notwendig ist, stellt die Grundlage für eine umweltorientierte Unternehmensführung dar. Eine solche Ausrichtung der Unternehmenspolitik steht nicht im Gegensatz zu den klassischen Unternehmenszielen (z. B. Maximierung des Gewinnerwartungswertes), sondern ergänzt diese Ziele soweit sie nicht umweltbelastende Auswirkungen haben. Umweltorientierte Unternehmensführung bedeutet also keinen prinzipiellen Verstoß gegen das ökonomische Kalkül aus altruistischen Gründen. Sie stellt vielmehr eine Restriktion bei unternehmerischen Entscheidungen dar. Veränderte Wertmaßstäbe in der Gesellschaft hin zu einer stärkeren Umweltorientierung und gesetzliche Vorschriften zwingen die Unternehmen zu einer Beachtung umweltrelevanter Sachverhalte. Ferner liegt im umweltbewußten Handeln aber auch eine unternehmerische Chance.

Genau an dieser Stelle setzt das strategische Umweltmanagement ein, dessen Grundlage die hier zu behandelten Strategien des Umweltmanagements bilden. Es findet ein Wandel vom reaktiven Anpassen an Veränderungen zum aktiven Handeln in Umweltschutzbelangen statt. Als Möglichkeit eines solchen aktiven Handelns sei die Antizipation von Gesetzen, Verordnungen und/oder Nachfrageänderungen der Verbraucher aufgrund eines erhöhten Umweltbewußtseins genannt.

Es sollen hier allerdings nur grundsätzliche Ausrichtungen von strategischen Konzepten des Umweltmanagements dargestellt werden. Eine Konkretisierung für unterschiedliche unternehmensspezifische Erfordernisse hat jeweils im Einzelfall zu erfolgen.[1] Einschränkend ist noch hinzuzufügen, daß die verschiedenen strategischen Konzepte nicht überschneidungsfrei sind. Es geht auch nicht um eine 0-1-Entscheidung[2], sondern um verschiedene theoretische Klassifizierungen von Umweltschutzstrategien.

2. Basisstrategien des Umweltmanagements

Vor diesem Hintergrund sollen im folgenden zwei unterschiedliche Umweltschutzkonzeptionen dargestellt werden. Diese zwei Konzeptionen repräsentieren (wenn auch nicht zwingend, so doch tendenziell) die Extreme eines Kontinuums von Basisstrategien im Umweltschutz.[3] Hier soll jedoch einer verdichteten Betrachtung gefolgt werden, weil weniger eine detaillierte Darstellung einzelner Basisstrategien als vielmehr eine grundsätzliche Vorgehensweise der Unternehmensleitung in ökologischen Belangen im Vordergrund steht.

Zunächst geht es um das „defensive" oder „reaktive" Umwelt(schutz)management, welches den Umweltschutz eher als Restriktion unternehmerischer Aktivitäten versteht. Daran schließt sich die Diskussion des „offensiven" oder „aktiven" Umwelt(schutz)managements an, daß nicht von einer Konkurrenz ökonomischer und ökologischer Ziele per se ausgeht. Grundlage eines offensiven Umweltmanagements ist, daß betriebliche Umweltschutzmaßnahmen oft zu Kostensenkungen bzw. Erlösverbesserungen führen und Umweltschutz statt als kostspieliger Zwang eher als unternehmerische Chance zu verstehen ist.[4]

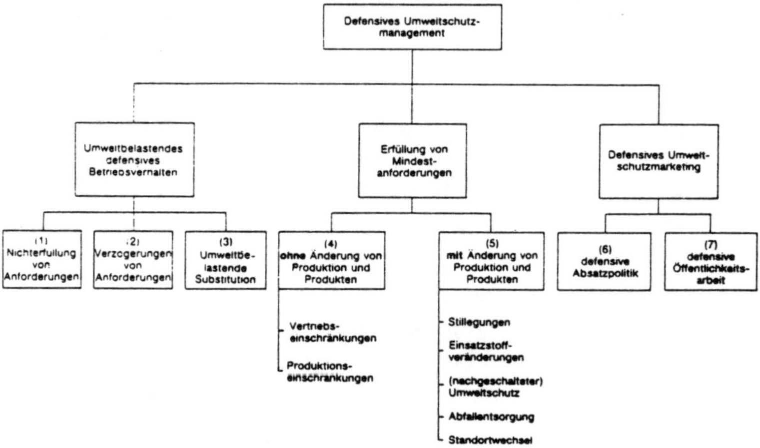

Abb. 1: Defensives Umweltschutzmanagement
Quelle: Wicke 1988, S. 14.

Aus obiger Abbildung sind drei defensive Maßnahmenkategorien ersichtlich, wie Betriebe auf verschiedene Umweltschutzanforderungen reagieren können. Die rigideste Form eines umweltbelastenden Verhaltens ist eine Nichterfüllung von (gesetzlichen) Anforderungen. Als Begründung für die Nichterfüllung werden meist technische und/oder wirtschaftliche Gründe angegeben, um zusätzliche Kosten zu vermeiden. Ob es sich dabei um vorgebliche oder tatsächliche Gründe handelt, soll hier unberücksichtigt bleiben. Des weiteren werden (gesetzliche) Anforderungen häufig willkürlich verzögert. Unternehmen, die eine solche Strategie verfolgen, wägen die Kosten einer Verzögerung (z. B. Prozeßkosten) gegenüber den erforderlichen Umweltschutzkosten ab. Schließlich können verbotene Einsatzstoffe oder Produktionsverfahren durch andere (u. U. ebenso schädliche) Stoffe und Verfahren substituiert werden. Dadurch wird eine Umweltentlastung einerseits durch eine anderweitige Umweltbelastung erkauft.

Die Strategie der Erfüllung von umweltpolitischen Mindestanforderungen wird häufig dann gewählt, wenn für das Unternehmen keine vertretbaren Vermeidungs- und Verzögerungsmöglichkeiten bestehen bzw. keine Anreize vorliegen, die eine Übererfüllung der staatlichen Anforderungen ökonomisch sinnvoll erscheinen lassen. Ohne daß Änderungen an den Produkten oder Verfahren stattfinden, können Unternehmen z.B. entsprechende Hinweise auf die Umweltgefährdung von Produkten geben oder die ausgestoßenen Schadstoffmengen „verdünnen". Meist ist jedoch eine Änderung der Produkte und der Produktion notwendig. So können weniger umweltbelastende Vorprodukte verwendet werden oder auch eine Standortverlagerung der Produktion erwogen werden.

Bei der Verfolgung einer defensiven Strategie wird ein Unternehmen keine ökologiebetonte Werbung betreiben, um sich nicht der Gefahr auszusetzen, als unglaubwürdig angesehen zu werden. Potentielle ökologische Gefahren, die von den Produkten und/oder der Produktion ausgehen (können), werden negiert oder als bedeutungslos hingestellt.

Dieses defensive ökologische Verhalten kann unter ökonomischen Gesichtspunkten durchaus rational sein. Wenn das der Fall ist, richtet sich die Kritik vorrangig nicht an die Betriebe, die eine solche Defensivstrategie verfolgen, sondern an die praktizierte Umweltpolitik. Durch Belohnungen und Sanktionen hat die staatliche Umweltpolitik dafür zu sorgen, daß es für die Unternehmen wirtschaftlich ist, sich umweltfreundlich zu verhalten. Wenn zumindest mittel- oder langfristige Chancen bestehen, durch ein umweltfreundliches Verhalten ökonomische Vorteile zu erzielen, wird die Bereitschaft der Unternehmensleitung erhöht, ein offensives Umweltmanagement zu verfolgen.

2.2 Offensives Umweltschutzmanagement[6]

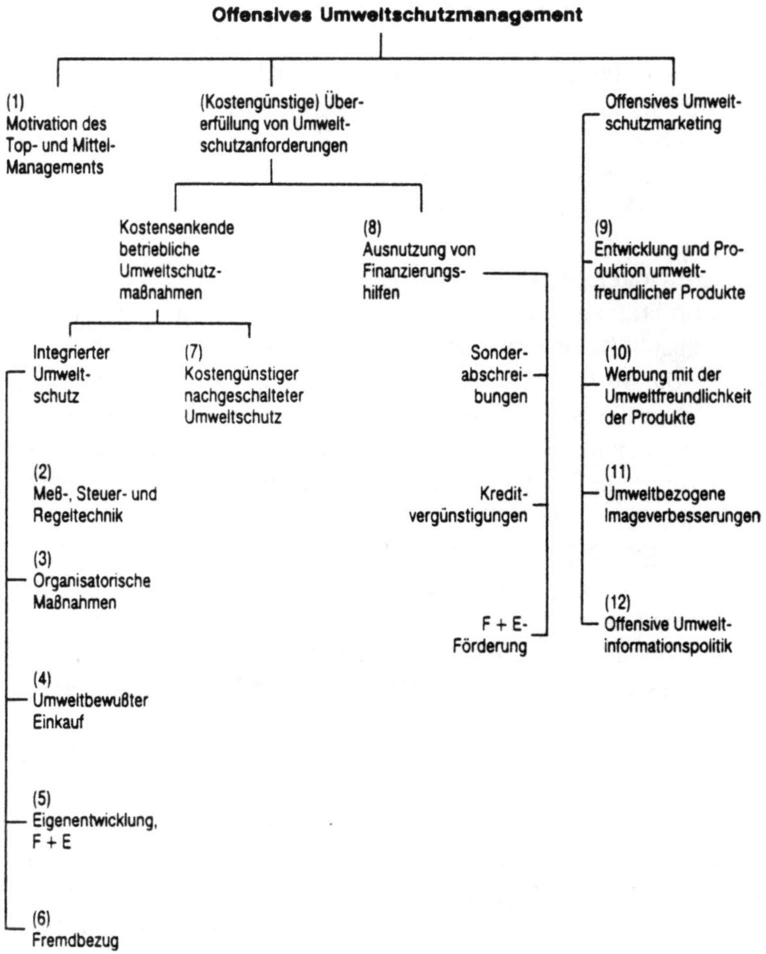

Abb. 2: Offensives Umweltschutzmanagement
Quelle: Wicke 1987, S. 80.

Der defensiven Umweltschutzkonzeption nahezu diametral entgegengesetzt ist die Konzeption eines offensiven, aktiven Umweltschutzmanagements. Sowohl ökonomische Ziele, wie z. B. die langfristige Gewinnmaximierung, als auch ökologische Ziele, die eine Verbesserung der Umweltsituation betreffen, sollen gemeinsam erreicht werden. Grundsätzlich ist ein solches Umweltmanagement auch durch ein aktives Innovationsmanagement charakterisiert. Dadurch soll einer Antizipation von ökologischen Gefahren und Risiken, aber auch Chancen sowie der Aufdeckung der Bedürfnisse umweltorientierter Nachfrager Rechnung getragen werden. Eine defensive Konzeption verhält sich im Gegensatz dazu eher passiv bzw. adaptiv.

Conditio sine qua non für den Erfolg eines offensiven Umweltschutzkonzepts ist die Motivation der Managements. Durch die Vermittlung der Überzeugung der Unternehmensleitung über die Notwendigkeit einer offensiven Strategie an das Mittelmanagement und alle Mitarbeiter des Unternehmens ist die Grundlage für ein erfolgreiches offensives Umweltmanagement gelegt.

Die betrieblichen Umweltschutzmaßnahmen lassen sich in nachgeschaltete (additive) und in integrierte Umweltschutzstrategien einteilen. Meist ist der Einsatz nachgeschalteter Anlagen im Vergleich zu einer integrierten Technologie kostengünstiger. Typisches Beispiel für eine additive Technologie (End-of-pipe-Technologie) ist der Katalysator. Eingetretene Umweltschäden werden kompensiert, und Abfallstoffe (Abgase) werden entsorgt bzw. gereinigt (z. B. durch einen Filter). Technologien des integrierten Umweltschutzes zielen dagegen auf eine Strukturveränderung des Produktionsprozesses nach ökologischen Kriterien ab und entsprechen dem Vorsorgeprinzip.[7] Das Konzept des integrierten Umweltschutzes gibt der Vermeidung und Reduzierung des Ressourceneinsatzes und umweltschädigender Einflüsse gegenüber der Entsorgung den Vorzug. Die Charakterisierung der beiden Umweltschutzstrategien verdeutlicht zusammenfassend die folgende Abbildung.

Nachgeschaltete Technologien ('end-of-pipe-technologies')	Integrierte Technologien ('clean technologies')
– Entsorgungsstrategien (Verminderungsstrategien) – Umweltschutzgesichtspunkte werden *nach* dem Produktionsprozeß berücksichtigt	– Vermeidungsstrategien (Verminderungsstrategien) – Umweltschutzgesichtspunkte werden *in* den Produktionsprozeß integriert

Abb. 3: Arten von Umweltschutztechnologien
Quelle: Kreikebaum 1992, S. 10

Im Rahmen des offensiven Umweltschutzmanagements eröffnen sich den Unternehmen verschiedene Möglichkeiten zur Unterstützung der Finanzierung der damit verbundenen Investitionen. So bestehen z. B. vielfältige Sonderabschreibungs- und Kreditvergünstigungen, aber auch die Möglichkeit, umwelttechnische F&E-Förderungen in Anspruch zu nehmen.[8] Allerdings werden vor allem Projekte des additiven Umweltschutzes gefördert, obwohl die Umweltentlastung dieser Projekte häufig weniger effektiv ist, als durch die Technologien des integrierten Umweltschutzes. Hier besteht ein Handlungsbedarf der staatlichen Umweltpolitik.

Der innovative Charakter des offensiven Umweltschutzmanagements zeigt sich auch in der Entwicklung und Produktion umweltfreundlicher Produkte. Das Herausstellen umweltfreundlicher Produkteigenschaften ist eine Aufgabe des Ökomarketings. Als besonders markantes Zeichen eines relativ umweltfreundlichen Produktes gilt der (allerdings nicht unumstrittene) blaue Umweltengel. Ziel eines offensiven Ökomarketings ist die Implantierung oder Verbesserung des Images des Unternehmens in der Öffentlichkeit. Dazu gehört auch eine offensive Umwelt-Informationspolitik, die nicht nur die Umweltanstrengungen des Unternehmens herausstellt, sondern auch über eventuelle Umweltrisiken informiert. Das einmal erworbene Image sollte nicht durch eine unglaubwürdige Informationspolitik aufs Spiel gesetzt werden.[9]

3. Umweltorientierte Normstrategien[10]

Durch die Verfolgung einer der beiden Basisstrategien legt ein Unternehmen die Grundeinstellung zum Umgang mit Umweltproblemen dar. Ohne eine mehr oder weniger genaue Vorgehensweise im Einzelfall zu spezifizieren, wird durch ein defensives oder offensives Umweltschutzmanagement die Unternehmensphilosophie bezüglich ökologischer Probleme festgelegt. Je nachdem, welche der Basisstrategien verfolgt wird, hat dies unterschiedliche Auswirkungen auf die Ausgestaltung der im folgenden diskutierten Normstrategien des Umweltmanagements.

3.1 Ausgangspunkt: Das Marktchancen-Umweltrisiko-Portfolio

Ausgangspunkt der Überlegungen ist die Tatsache, daß Unternehmen Umweltschutzaspekte in die Unternehmensstrategie integrieren. Dies kann mit Hilfe eines Marktchancen-Umweltrisiken-Portfolios vorgenommen werden. Auf der Ordinate des Portfolios werden die Marktchancen durch den Umweltschutz und auf der Abszisse die Umweltrisiken durch das Unternehmen abgetragen. Die künftigen Marktchancen im Umweltschutz sind abhängig von der Branche und damit dem Markt, auf dem das Unternehmen tätig ist. Auch (künftige) staatliche Verordnungen beeinflussen die unternehmensindividuelle Position auf der Ordinate. Inwieweit das Unternehmen durch seine Produkte und Produktionsprozesse von einer notwendigen Berücksichtigung von Umweltaspekten betroffen ist, wird durch den Abszissenwert ausgedrückt. Unternehmen der chemischen Industrie gelten als besonders sensibel, was die (potentiellen) Umweltrisiken betrifft. Die folgende Abbildung zeigt vier Marktchancen-Risiko-Kombinationen, von denen für die weitere Betrachtung die Situation als wenig informativ anzusehen ist, in der sowohl die Marktchancen als auch die unternehmensindividuellen Umweltrisiken als gering einzustufen sind.

Marktchancen durch Umweltschutz

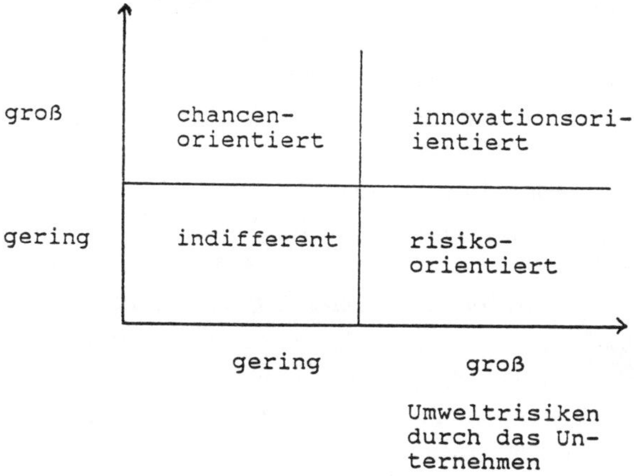

Abb. 4: Marktchancen-Umweltrisiken-Kombination
Quelle: in Anlehnung an Steger 1990, S. 54 und Steger 1992, S. 276.

3.2 Risikoorientierte Strategien

Es liegt die Vermutung nahe, von Unternehmen auszugehen, die ein defensives Umweltschutzmanagement betreiben. Dies kann, muß aber nicht so sein. Im Vordergrund steht hier die Anwendung eines aktiven Risiko-Managements. Zunächst geht es dabei um die Identifikation der ökologischen Störpotentiale, die technischer, marktlicher und organisatorischer Art sein können. Vorrangig werden *Risiko-Bewältigungsstrategien* verfolgt, die das bestehende Risiko so weit wie möglich eliminieren oder zumindest auf ein als angemessen erachtetes Risiko reduzieren. Maßnahmen der Risikominderung zielen auf eine Verminderung der Schadenseintrittswahrscheinlichkeit und sogar eher noch auf eine Reduzierung des Schadenspotentials ab. Die *Risikoüberwälzung,* z. B. auf Lieferanten, bei schwer zu entsorgenden Produkten hat die Entwicklung entsorgungsfreundlicher und recyclingfähiger Produkte zur Zielsetzung. Schließlich besteht die Möglichkeit einer *Versicherung ökologischer Risiken* analog zu bestehenden Risikoversicherungen (z. B. Feuerversicherung). Das Resultat wird ein hoher Sicherheitsstandard sein, welchen die Versicherung ihrem Klienten oktroyiert.

3.3 Chancenorientierte Strategien

Mittlere bis hohe Marktchancen durch den Umweltschutz und eine geringe bis mittlere Betroffenheit des Unternehmens von Umweltrisiken eröffnet die Chance, einen mehr oder weniger umweltsensiblen Markt auszuschöpfen. Gegenüber bisherigen Produkten werden solche mit dem Zusatznutzen „Umweltfreundlichkeit“ angeboten. Gerade bei dieser Strategie spielt das Marketing eine herausragende Rolle. Der Zeitpunkt der Einführung eines Produktes mit dem zusätzlichen Nutzen der Umweltfreundlichkeit darf nicht vor einer Wahrnehmung des zu lösenden Umweltproblems durch die Konsumenten liegen, aber auch nicht zu spät erfolgen, weil sonst Marktanteile verlorengehen. Eine solche Differenzierungsstrategie (im Sinne Porters) bedarf der Unterstützung einer offensiven Kommunikationsstrategie, die den Zusatznutzen den (potentiellen) Konsumenten vermittelt. Neben den traditionellen Marketinginstrumenten bieten sich dabei vergleichende Tests in den Medien bezüglich der Ökologieverträglichkeit, die Auszeichnung mit anerkannten Umweltzeichen oder auch das Sponsoring von Umweltschutzaktionen an.

3.4 Innovationsorientierte Strategien

Die schwierigste Situation für das Unternehmen stellt sich dadurch, daß große Marktchancen für umweltfreundliche Produkte bestehen und gleichzeitig die gegenwärtigen Produkte und Prozesse ein Risiko für die Umwelt darstellen. Die Folgen für das Unternehmen sind Produktionsumstellungen und Produktveränderungen mit Hilfe eines umweltorientierten Innovationsmanagements. Ziel des Unternehmens sollte es nun sein, möglichst schnell eine technisch-innovative Lösung der vorhandenen Probleme zu finden, um so ein umweltorientiertes Erfolgspotential aufzubauen. Dabei sind die Vor- und Nachteile abzuwägen, die durch eine solche Vorreiterrolle mittels Innovationen im Umweltschutz entstehen. Als Vorteile einer ökologischen Vorreiterrolle gelten:[11]

- frühe Gewinne
- Setzen von Standards
- Produktdifferenzierung
- Imagesteigerung und Produktattraktivität

Dem stellen sich folgende potentielle Risiken gegenüber:[12]

- Pionierkosten bei F&E
- Umstellkosten
- Qualitätsrisiken
- Unsicherheit der Nachfrage
- Informationsdefizite bei den Kunden

Aus dieser Gegenüberstellung lassen sich folgende Anforderungen an die Innovationsstrategie stellen:[13]

- Langfristigkeit des Erfolgspotentials
- Klar erkennbare und kommunizierbare Umweltvorteile
- Zeitlicher Vorsprung vor Wettbewerbern
- Ausreichendes Innovationspotential (speziell im Marketing und der Qualitätssicherung)

„Generell kann man sagen, daß umweltorientierte Unternehmensstrategien um so attraktiver sind, je mehr sie mit Innovationen verbunden sind und durch Zusatznutzen der Produkte zu Wettbewerbsvorteilen führen. Es ist daher nicht verwunderlich, daß die Verbindung des Umweltmanagements zum Innovationsmanagement und Marketing besonders eng ist.«[14]

4. Ökologieorientierte Wettbewerbsstrategien[15]

In Anlehnung an das Portersche System der Wettbewerbsstrategien sollen nachfolgend die Strategien der Kostenführerschaft, der Differenzierung sowie der Nischenorientierung bezüglich der ökologischen Ansprüche diskutiert werden. Außerdem wird die Bedeutung einer ökologieorientierten Timingstrategie herausgestellt.

4.1 Ökologieorientierte Kostenführerschaft

Bei der Verfolgung einer Strategie der Kostenführerschaft versucht das Unternehmen durch Optimierung von Produktprogramm und Herstellungsverfahren die Stückkosten niedriger als die Konkurrenz zu halten, um durch niedrigere Marktpreise Wettbewerbsvorteile zu erlangen. Neben dieser ökonomischen Effizienz kann auch eine ökologische Effizienz dadurch erzielt werden, „...wenn z. B. umweltschädliche teure Rohstoffe durch umweltverträgliche billigere Rohstoffe ersetzt werden bzw. die Einsatzmenge teurer Rohstoffe durch die Verwendung von rezykliertem Material verringert werden kann.«[16]

4.2 Ökologieorientierte Differenzierungsstrategie

Unternehmen, die eine ökologieorientierte Differenzierungsstrategie verfolgen, wollen sich durch umweltfreundlichere Produkte und Herstellungsverfahren von der Konkurrenz abheben, um stärker auf ökologieorientierte Kundenbedürfnisse einzugehen. Zunächst ist dies mittels *pseudo-ökologieorientierter* Strategien möglich, indem ökologische Argumente (z. B. in der

Werbung) aufgegriffen werden, ohne entsprechende Produkt- und/oder Verfahrensänderungen durchzuführen. Durch *verkürzte ökologieorientierte* Strategien werden nur einige umweltrelevante Komponenten des Produktes verändert, unter Vernachlässigung anderer wesentlicher umweltrelevanter Effekte, z. B. aus vor- und nachgelagerten Produktionsstufen. Bei der Verfolgung *echter ökologieorientierter* Strategien ist der gesamte Entstehungs-, Verwendungs- und Entsorgungszyklus von Produkten einer umweltbezogenen Analyse zu unterziehen.

4.3 Ökologieorientierte Nischenstrategie

In enger Verbindung mit der ökologieorientierten Differenzierungsstrategie steht die Nischenstrategie. Durch die gezielte Ansprache einer wie auch immer spezifizierten Nachfragergruppe können so Marktnischen besetzt werden, bevor Wettbewerber in diese Nische eindringen. Es gilt, Eintrittsbarrieren für die Marktnische aufzubauen, um potentielle Konkurrenten abzuschrecken. Von herausragender Bedeutung ist hier der Aufbau eines ökologieorientierten Images bei der Nachfragergruppe. Zudem ist von einer Unterstützung des Handels auszugehen, der diese Nachfragergruppe bedienen möchte.

4.4 Ökologieorientierte Timingstrategie

Schließlich sei noch die Bedeutung der ökologieorientierten Timingstrategie angesprochen. Dabei geht es um die Entscheidung, zu welchem Zeitpunkt das Unternehmen sich ökologisch profilieren möchte. Grundsätzlich besteht die Möglichkeit, eine *Pionier- oder Folgerstrategie* zu wählen. Unter unternehmensspezifischen Gesichtspunkten ist zu überlegen, ob die ökologische Profilierung zeitlich vor (Pionier) oder nach (Folger) den Hauptwettbewerbern erfolgen soll. Je später ein Unternehmen den ökologischen Profilierungszeitpunkt wählt, desto weniger Kaufwiderstände wird es bei den Abnehmern vorfinden. Allerdings werden zu einem späteren Zeitpunkt die Markteintrittsbarrieren höher sein, weil Konkurrenten bereits entsprechende Marktpositionen aufgebaut haben.

5. Input- und outputorientierte Umweltschutzstrategien

Neben den Basis-, Norm- und Wettbewerbsstrategien des Umweltmanagements sollen im folgenden input- und outputorientierte Umweltschutzstrategien vorgestellt werden. Ausgangspunkt der Überlegungen ist ein produzierendes Unternehmen, welches natürliche Ressourcen für die Produktion seiner Güter in Anspruch nimmt. Darüber hinaus entstehen aber auch aufgrund des Produktionsprozesses Rückstände. Art und Ausmaß der Umweltbelastung dieser Rückstände ist Gegenstand der outputorientierten Umweltschutzstrategien.

5.1 Inputorientierte Umweltschutzstrategien

Zentrales Anliegen der inputorientierten Konzeption des Umweltmanagements ist die Schonung von Ressourcen. Die Vermeidung umweltschädlicher und ökologisch knapper Ressourcen sowie die Substitution von Inputfaktoren durch umweltfreundlichere Einsatzstoffe sind die Maßnahmen dieser Strategie. Dazu gehört auch ein sparsamer Umgang mit Ressourcen und Energie. Besonders ein sparsamer Umgang mit Inputfaktoren hat auch direkte ökonomische Vorteile, wenn man z. B. an einen geringeren Verbrauch von Strom und Wasser denkt.[17] Typischer Engpaßsektor des inputorientierten Umweltmanagements ist der Beschaffungsbereich. Die traditionellen Beschaffungskriterien sind um ökologische Kriterien zu erweitern. Hierzu bietet sich als Instrument die Umweltverträglichkeitsprüfung (UVP) an, die die Einsatzfaktoren auf ihre ökologische Betroffenheit hin überprüft. Gerade für den Einsatz eines unternehmensweiten, umfassenden Öko-Controlling[18] würde sich dieses Instrument hervorragend eignen.

5.2 Outputorientierte Umweltschutzstrategien

Bestandteile einer outputorientierten Strategie sind vor allem die Rückstandsvermeidung, -verminderung und -verwertung, wobei die Reihenfolge als Prioritätenfolge zu verstehen ist. Vermeidung und Verminderung bedeuten ein vollständiges Eliminieren schädlicher Rückstände bzw. die Reduktion des Outputs an schädlichen Rückständen im Vergleich zur Ausgangslage.[19] Kreikebaum spricht in diesem Zusammenhang von einer „Minimierung umweltgefährdender Stoffe und Verfahren"[20]. Das Verfolgen einer solchen Strategie ist ein typisches Charakteristikum eines innovativen Umweltschutzmanagements im Rahmen des integrierten Umweltschutzes.

Die Rückstandsverwertung ist durch das Transformieren von Rückständen in ökologisch unschädliche Substanzen und Energiearten gekennzeichnet. Ein einleuchtendes Beispiel liegt hier aus dem Bereich des additiven Umweltschutzes mit dem Pkw-Katalysator vor, der die Abgase von bleifreiem Benzin in Stickstoff, Kohlendioxid und Wasser zerlegt.[21] Weitere Verwertungsstrategien in Form einer Rückstandsverwertung sind die thermische Verwertung (z. B. Fernwärme) und das Recycling.

Abschließend sei noch auf die Möglichkeit der Fremdentsorgung hingewiesen. Hierbei entledigt sich das Unternehmen seiner Rückstände, indem es die weitere Rückstandsbehandlung einer anderen (dafür spezialisierten) Institution überträgt.[22] Neben der kommunalen Müllabfuhr seien der Altwarenhandel, sogenannte Abfallbörsen und rückstandsverarbeitende Unternehmen angeführt. Gerade letztere Unternehmen erfahren in jüngster Zeit einen enormen Aufschwung durch das Entstehen eines neuen Marktes für Rückstände und Abfallprodukte.[23]

6. Bedingungen für ein erfolgreiches strategisches Umweltmanagement

Nachdem in der gebotenen Kürze einige grundlegende Konzeptionen des Umweltmanagements aufgezeigt wurden, sollen abschließend schlagwortartig die Anforderungen genannt werden, die an ein strategisches Umweltmanagement zu stellen sind. Dies geschieht in dem Bewußtsein, daß jeder einzelne Punkt Gegenstand umfangreicher Monographien und grundlegender Aufsätze war, ist und – der Verfasser ist überzeugt – auch sein wird:[24]

- Ökologiebezogene Unternehmensphilosophie als Ausdruck der Verantwortung einer Unternehmung gegenüber der Umwelt.
- Kooperative, innovative und fehlertolerierende Organisationsstrukturen.
- Unterstützung der Umweltschutzorientierung durch die Unternehmensleitung.
- Ökologiebezogene Informations- und Führungsinstrumente (z.B. Öko-Bilanz, Ökologie-Portfolio, Öko-Controlling, Umweltverträglichkeitsprüfungen, Produktlinienanalyse u. a. m.).
- Ökologieorientiertes Marketing.
- Offene, ökologieorientierte Kommunikation zur Verdeutlichung des Problembewußtseins und des (kundenbezogenen) Nutzens unternehmerischer Umweltschutzaktivitäten.
- Umweltschutzgerechtes, produkt- und prozeßtechnologisches Know-how.
- Mitarbeitermotivation durch umweltschutzorientierte Ausbildungs-, Anreiz-, Beurteilungs- und Entlohnungssysteme.

Literaturverzeichnis:

Kreikebaum, Hartmut: Strategische Unternehmensplanung, 4. Aufl., Stuttgart-Berlin-Köln 1991.

Kreikebaum, Hartmut: Umweltgerechte Produktion, Wiesbaden 1992.

Meffert, Heribert: Strategisches Ökologie-Management, in: Coenenberg, Adolf G./Weise, Eberhard/Eckrich, Klaus (Hrsg.): Ökologiemanagement als strategischer Wettbewerbsfaktor, Stuttgart 1991, S. 7–32.

Meffert, Heribert/Kirchgeorg, Manfred: Marktorientiertes Umweltmanagement, Stuttgart 1992.

Pfriem, Reinhard/Hallay, Hendric: Öko-Controlling als Baustein einer innovativen Unternehmenspolitik, in: Steger, Ulrich (Hrsg.): Handbuch des Umweltmanagements, München 1992, S. 295–310.

Steger, Ulrich: Unternehmensführung und ökologische Herausforderung, in: Wagner, Gerd Rainer (Hrsg.): Unternehmung und ökologische Umwelt, München 1990, S. 48–57.

Steger, Ulrich: Normstrategien im Umweltmanagement, in: Steger, Ulrich (Hrsg.): Handbuch des Umweltmanagements, München 1992, S. 271-293.

Strebel, Heinz: Industrie und Umwelt, in: Schweitzer, Marcell (Hrsg.): Industriebetriebslehre, München 1990, S. 697–779.

Strebel, Heinz: Produktion und Umweltschutz, in: Steger, Ulrich (Hrsg.): Handbuch des Umweltmanagements, München 1992, S. 437–450.

Walter, Reinhard: Schutz der Umwelt durch Gewinnung von Sekundärrohstoffen, in: ZfB, Ergänzungsheft 2/1990 (Betriebliches Umweltmanagement), S. 83–94.

Wicke, Lutz: Offensiver betrieblicher Umweltschutz, in: Harvard manager, o. Jg., 3. Quartal 1987, S. 74–82.

Wicke, Lutz: Chancen durch ein offensives, gewinnorientiertes Umweltmanagement der Betriebe, in: Pieroth, Elmar/ Wicke, Lutz (Hrsg.): Chancen der Betriebe durch Umweltschutz, Freiburg i. Br. 1988, S. 11–33.

Zahn, Erich/Schmid, Uwe: Wettbewerbsvorteile durch umweltschutzorientiertes Management, in: Zahn, Erich/Gassert, Herbert (Hrsg.): Umweltschutzorientiertes Management, Stuttgart 1992, S. 39–93.

Fußnoten

1 Vgl. Kreikebaum 1991, S. 177–187: Dort werden die nach ökologischen Erfordernissen veränderten Strategien durch entsprechende Maßnahmen konkretisiert.
2 D. h. z. B. nicht, daß entweder eine Basisstrategie oder eine Normstrategie verfolgt wird.
3 Vgl. z. B. Meffert/Kirchgeorg 1992, S. 145.
4 Vgl. Wicke 1987; Strebel 1992, S. 441.
5 Vgl. zu diesem Abschnitt vor allem: Wicke 1988, S. 15–21.
6 Vgl. zu diesem Abschnitt vor allem: Wicke 1988, S. 21–29.
7 Vgl. Kreikebaum 1992, S. 10.
8 Vgl. Wicke 1988, S. 27.
9 Vgl. Wicke 1988, S. 28f.
10 Vgl. zu diesem Abschnitt vor allem: Steger 1990, S. 54–56 und Steger 1992, S. 274-283.
11 Vgl. Steger 1990, S. 55.
12 Vgl. ebenda.
13 Vgl. ebenda.
14 Steger 1990, S. 56
15 Vgl. zu diesem Abschnitt: Meffert 1991, S. 23–30 und Meffert/Kirchgeorg 1992, S. 147–153.
16 Meffert 1991, S. 25.
17 Vgl. Strebel 1990, S. 721–723.
18 Vgl. Pfriem/Hallay 1992.
19 Vgl. Strebel 1990, S. 723.
20 Kreikebaum 1992, S. 29.
21 Vgl. Strebel 1990, S. 724.
22 Vgl. Strebel 1990, S. 725f.
23 Vgl. Walter 1990.
24 Vgl. zum folgenden: Zahn/Schmid 1992, S. 80.

KARL FARMER, GRAZ

Zur theoretischen Fundierung ökologischer Ordnungspolitik[1]

„Wir müssen die Vielfältigkeit der Welt sehen und sie nicht dadurch in Ketten zwingen, daß wir immer gemeinsame Nenner suchen und alles auf eine einzige gemeinsame Gleichung zurückführen wollen. Wir müssen uns mehr anstrengen, zu verstehen, als zu erklären."
(Vaclav Havel im Vortrag zum Thema „Das Ende unserer Neuzeit" vom 4. 2. 1992 beim Weltwirtschaftsforum in Davos)

1. Einführung, Problemstellung und Procedere

Spätestens seit dem Erscheinen des sogenannten Brundtland-Reports der World Commission on Environment and Development mit dem Titel „Our common future" im Jahr 1987 ist das Konzept des „sustainable economic development" (= nachhaltige [dauerhafte, tragfähige] wirtschaftliche Entwicklung) in aller Munde. Auf den inhaltlich harten Kern reduziert besagt dieses Konzept, daß die gegenwärtig lebenden Generationen die natürlichen Ressourcen dieser Erde nicht stärker nutzen dürfen, als diese von Natur aus nachwachsen oder sich selbst nach Verschmutzung reinigen.

Einige prominente Vertreter[2] dieser umwelt- und entwicklungspolitischen Konzeption können sich ihre realpolitische

Umsetzung allerdings nur dadurch vorstellen, daß global aktionsbevollmächtigte Organisationen (z.B. Unterorganisationen der UNO) mittels direkter Zwangsmaßnahmen eingreifen in die nationale Dynamik der Bevölkerung (= Bevölkerungskontrolle), des Kapitalstocks (= Wachstumsstopp), des Niveaus und der Verteilung des Sozialprodukts zwischen den gegenwärtigen und zukünftigen Generationen dieser Erde (= erzwungener Konsumverzicht für die jetzt lebenden Generationen in den Industrieländern).

Nicht nur mit der Endzeitprophetie vertraute Christen, auch (neo-)liberale Ökonomen betrachten die vorgeschlagenen Umsetzungsstrategien mit einigem Unbehagen.[3] Daher erhebt sich die Frage, ob der – mehr oder minder offensichtlich – nicht-nachhaltigen Wirtschaftsentwicklung auf nationaler und globaler Ebene in verantwortlicher Weise nur mit noch mehr nationalem und neuerdings auch supranationalem Dirigismus in der Umwelt- und Entwicklungspolitik begegnet werden muß.

Insofern Ordnungspolitik, die durch Veränderung des allgemein-rechtlichen Rahmens auf eine indirekte Steuerung des Wirtschaftsgeschehens abzielt, eine Alternative zu direkten Staatsinterventionen darstellt, scheint ein Nein auf diese Frage – zumindest was die nationalstaatliche Dimension betrifft – möglich, weil seit einigen Jahren deutschsprachige Ökonomen eine Renaissance des „Denkens in Ordnungen" (Eucken, 1952) diagnostizieren.[4] Ordnungspolitik scheint aber auch im Kreis der Umweltökonomen populär geworden zu sein, da renommierte deutsche Umweltökonomen wie Bonus (1979), Siebert (1992[3]) und Wicke (1989[2]) schon längere Zeit einen „ökologischen Rahmen" für die Soziale Marktwirtschaft fordern.

Umweltpolitiker wie der deutsche Umweltminister Töpfer oder der ehemalige österreichische Landwirtschaftsminister und Vizekanzler Riegler sehen in der „ökologisch-sozialen" bzw. „Öko-Sozialen" Marktwirtschaft mit der Ziel-Trias „Hohe Einkommen", „Sozialer Ausgleich" und „Saubere Umwelt" (Aiginger, 1989) und der Betonung sogenannter marktwirtschaftlicher

Instrumente des Umweltschutzes die ordnungspolitische Antwort zumindest auf die nationalstaatliche, umweltpolitische Herausforderung einer nicht-nachhaltigen Wirtschaftsentwicklung.

Verfechter der Konzeption einer öko-sozialen Marktwirtschaft verstehen diese meist als Weiterentwicklung des ordnungspolitischen Konzepts der Sozialen Marktwirtschaft. Diese Weiterentwicklung sei wegen der Umweltschädigung, die im Gefolge des rasanten Wirtschaftswachstum der 50er und 60er Jahre aufgetreten ist und – wenn auch in einigen Schadstoffbereichen etwas gebremst – immer noch anhält, notwendig.

Eine erneute Diskussion um die theoretischen Grundlagen dieser nur den geänderten Umständen angepaßten ordnungspolitischen Konzeption wird von den meisten Vertretern aber nicht als erforderlich angesehen. Diese Position unterstellt, daß entweder die theoretischen Grundlagen für den neuen, sprich: umweltpolitischen Handlungsbedarf in Form der Theorie der Allokationswirkungen negativer externer Effekte (Pigou, 1920) und öffentlicher (Un-) Güter (Samuelson, 1954) ohnedies bereits längst vorliegen und/oder, daß die offensichtlich erfolgreiche ordnungspolitische Konzeption der Sozialen Marktwirtschaft bereits ohne explizite theoretische Fundierung ausgekommen ist.

Allerdings gibt es gegenüber dieser Mehrheitseinschätzung in bezug auf die geringe Dringlichkeit einer neuerlichen Diskussion um die theoretischen Grundlagen einer den Umweltschutz inkludierenden ordnungspolitischen Konzeption auch wichtige abweichende Einschätzungen. So meint etwa Kirchgässner, ein Vertreter der Neuen Politischen Ökonomie in Deutschland: „Will man ... die Ordnungstheorie [der Väter der Sozialen Marktwirtschaft (meine Ergänzung, K. F.)]... für die heutige wissenschaftliche und politische Diskussion fruchtbar machen, ... muß die politische Dimension gesellschaftlicher Vorgänge auch der wissenschaftlichen Analyse unterzogen werden, bei der Behandlung der staatlichen Instanzen muß vom Leitbild des wohlmeinenden Diktators Abschied genommen werden, und insbesondere müssen positive und normative Aussagen streng voneinander getrennt werden."[5]

Begründet also Kirchgässner eine neuerliche ordnungstheoretische Diskussion mit der Notwendigkeit, bereits in der theoretischen Fundierung von Ordnungspolitik die Handlungen der staatlichen Instanzen mittels eines erweiterten neoklassischen Entscheidungsmodells von Präferenzen und Handlungsrestriktionen einzubeziehen, fordert Herder-Dornreich (1989) angesichts des Zusammenbruchs des real existierenden Sozialismus im europäischen Osten und der unverminderten Ausdehnung nicht-marktlicher, fiskalischer und para-fiskalischer Organisationen im Bildungsbereich, im System der sozialen Sicherung und auch im Umweltschutzbereich in Mittel- und Westeuropa eine neue Ordnungstheorie. Diese soll „pluralistisch" statt „dualistisch" sein und die Dynamik des Wettbewerbs zwischen marktlichen und nicht-marktlichen Systemen der Ressourcennutzung abbilden können.[6]

Last but not least sind die Kritiker der Theorien des Marktversagens und der Begründung von Staatsintervention bei Pigouschen externen Effekten und Samuelsonschen öffentlichen Güter zu nennen, deren – im Detail durchaus unterschiedlichen – Argumente eine Diskussion um die theoretische Fundierung insbesondere einer „ökologischen Ordnungspolitik"[7] nahelegen, sofern man – ganz allgemein – die Notwendigkeit theoretischer Fundierung ordnungspolitischer Ansätze anerkennt. Zu diesen Kritikern zählen zum einen die sog. Neo-Institutionalisten, deren Einsichten auf den Arbeiten von Alchian (1965), Coase (1937, 1960) und Demsetz (1967) zur Rolle von Property Rights (= Verfügungsrechte über knappe Ressourcen) und Transaktionskosten (im Zusammenhang mit der Definition, dem Tausch und der Durchsetzung von Verfügungsrechten) im Prozeß der Ressourcenallokation beruhen.[8] Die andere Gruppe von Kritikern gründet ihre Einwände auf Kirzners (1973, 1979, 1985, 1992) Theorie der Koordination von Angebot und Nachfrage im Marktungleichgewicht durch Arbitragegeschäfte findiger Unternehmer und Hayeks (1967) Theorie der Evolution des Marktsystems durch spontane und „semispontane"[9] Anpassung von Regeln und Institutionen.

Nun bevorzugen sowohl die Neo-Institutionalisten als auch die „Post-Österreicher"[10] immer Ordnungspolitik im Sinne einer Schaffung und Veränderung von möglichst allgemein gültigen Rechtsregeln, welche die Rahmenbedingungen des Wirtschaftsprozesses definieren, gegenüber Gesetzen, Verordnungen und behördlichen Einzelfallentscheidungen, die an den Ergebnissen des Marktprozesses ansetzen und oft Sonderinteressen berücksichtigen. Allerdings wird diese neo-institutionalistische und (post-) österreichische Präferenz für Ordnungspolitik gegenüber prozeßpolitischen Maßnahmen meist nicht durch ausdrückliche theoretische Argumente begründet, sondern man hält die meist vernichtende Kritik an der neoklassischen Gleichgewichts- und Allokationstheorie anglo-amerikanischer (Pigou 1920, Arrow 1951, Debreu 1959) und französisch-schweizerischer (Walras 1874, Pareto 1909) Provenienz per se und in ihrer Funktion als Begründung von Staatsinterventionen als ausreichende Fundierung dieses Plädoyers für Ordnungspolitik.

Dieses Vorgehen ist aber im Zusammenhang mit der theoretischen Fundierung ökologischer Ordnungspolitik problematisch, weil im Bereich der wirtschaftlichen Nutzung der natürlichen Umwelt die sonst durch unternehmerischen Wettbewerb auf offenen Märkten spontan entstehende Koordination individuellen Handelns durch „Marktversagen" und „soziale Dilemmasituationen" (= das, was jedem einzelnen nützt, schadet allen zusammen) behindert wird. Falls solche Dilemmasituationen durch andere Regeln und Institutionen als in Nicht-Dilemmasituationen überwunden werden müsssen, erscheint die allokations- und spieltheoretische Formalisierung derartiger Dilemmasituationen auch für die neo-institutionalistische und post-österreichische Theorie der marktwirtschaftlichen Umweltnutzung und einer darauf aufbauenden ökologischen Ordnungspolitik unentbehrlich. Außerdem ist zu vermuten – und diese Vermutung wird im Laufe der Arbeit auch bestätigt –, daß gewisse Einsichten der gleichgewichts-allokationstheoretischen Anaylse der Unternehmer-Marktwirtschaft generell (und nicht nur in Dilemmasituationen) im breiteren koordinations-evolutions-theoretischen Denkansatz Bedeutung behalten. Deshalb wird in dieser Arbeit der von Hoppmann (1972), Kunz (1985) und Schmidtchen (1990) vertretenen These von der „Komplementarität" der neoklassischen Gleichgewichts-Allokationstheorien und der neo-institutionalistischen – (post-) österreichischen Koordinations-Evolutionstheorien des Marktsystems gefolgt.

In den Gleichgewichts-Allokationstheorien spielen unternehmerisches Handeln und der Wettbewerb zwischen Unternehmern (im Unterschied zu den Produzenten) keine Rolle (mehr). In den Koordinations-Evolutionstheorien sind die Handlungen miteinander im Wettbewerb stehender unternehmerischer Personen, welche die Erzielung von Gewinnen anstreben, die mit der Ausnutzung von bisher nicht entdeckten Arbitragemöglichkeiten zwischen Nicht-Unternehmern (= Marktungleichgewicht) und mit der Einführung von neuen Technologien, Institutionen und Regeln (Innovation im verfügungsrechtlichen „Niemandsland") verbunden sein können, die treibenden Kräfte.

Die bisherige Darstellung legt nun folgendes Procedere nahe:

Im nächsten Abschnitt (2.) wird zunächst der Begriff und der Gegenstand ökologischer Ordnungspolitik in Form von Arbeitsdefinitionen eingeführt, wobei zu bedenken ist, daß in dieser Arbeit die Frage nach den (wirtschafts-) theoretischen Grundlagen und nicht ökologische Ordnungspolitik per se im Mittelpunkt steht.

Im 3. Abschnitt werden die für die Fundierung ökologischer Ordnungspolitik – im Sinne der eingeführten Definitionen – brauchbaren Elemente der neoklassischen Theorie (in-)effizienter Allokationen (ohne und mit Thematisierung der Rolle von Verfügungsrechten für die Ressourcenallokation) im vollkommenen Konkurrenzgleichgewicht konstruktiv kritisch dargestellt und es werden zu diesem Zweck auch neuere Ergebnisse der

Theorie nicht-kooperativer Gleichgewichte in strategischen Spielen referiert.

Im anschließenden 4. Abschnitt wird der koordinationstheoretische Ansatz von Kirzners unternehmergetriebenen Marktprozessen in Verbindung mit neo-institutionalistischen Einsichten zur Abhängigkeit der Allokationswirkungen externer Effekte und der Öffentlichkeit von Gütern von der Form verfügungsrechtlicher Spezifikationen skizziert, und die in interdependenten Wirtschaft-Umwelt-Systemen begrenzte Fähigkeit des Marktsystems zur Selbstorganisation in „Gleichgewichtsferne" als evolutionstheoretischer Ansatzpunkt für ökologische Ordnungspolitik angedeutet.

Zum Abschluß werden einige Bemerkungen zur relativen Bedeutung der skizzierten theoretischen Grundlagen ökologischer Ordnungspolitik aus „ökonomisch-biblischer" Sicht angebracht.

2. Zum Begriff und Gegenstand „Ökologische Ordnungspolitik"

„Ordnungspolitik" im allgemeinen und „Ökologische Ordnungspolitik" im besonderen sind vieldeutige, „theoriegeladene" Begriffe.

Da es auch ein Ziel dieser Arbeit ist, diese Begriffe durch Vorstellen von theoretischen Ansätzen zu präzisieren, die in Lehrbüchern zur Umweltökonomik kaum vorkommen, können an dieser Stelle nur Arbeitsdefinitionen eingeführt werden.

In Anlehnung an Schmidtchen (1990) wird daher Ordnungspolitik (nominalistisch) definiert als „a process of social engineering that takes place through the manipulation of social institutions with the objective of creating the necessary and adequate conditions for the spontaneous emergence of an order of actions."[11] Nach Schotter (1986) sind soziale Institutionen „sets of abstract rules that constrain the behavior of economic agents and define for them pay-offs that depend on their behavior[12]". North führt weiter aus: „Institutions are regularities in repetitive interactions among individuals. They provide a framework within which people have some confidence as to how outcomes will be determined."[13] Beispiele für Institutionen im sozialen Bereich sind Ehe, Familie sowie Sitten und Gebräuche im Alltag und bei außergewöhnlichen Anlässen (Geburt, Hochzeit, Tod). Im Wirtschaftsleben zählen dazu beispielsweise das Geld, die Märkte und die Preise, die sich auf diesen Märkten bilden.

Eine Ordnung ist nach Hayek „das Bestehen von Beziehungen zwischen wiederkehrenden Elementen..., die es für uns möglich macht, aufgrund der Kenntnis eines (räumlich oder zeitlich) beschränkten Teils eines Ganzen Erwartungen bezüglich des Restes zu bilden, die gute Aussicht auf Erfüllung haben."[14] Ordnungen menschlicher (z.B. wirtschaftlicher) Handlungen heißen spontan, wenn sie „Ergebnisse menschlichen Handelns, aber nicht menschlichen Entwurfs"[15] sind.

„Wenn wir die Kräfte verstehen, die eine solche [nämlich: spontane (meine Einfügung, K. F.)] Ordnung bestimmen, können wir jene auch nutzen, um die Voraussetzungen zu schaffen, unter denen sich eine Ordnung dieser Art bilden wird. Diese indirekte Methode, eine Ordnung hervorzubringen, hat den Vorteil, daß auf diese Weise komplexere Ordnungen gebildet werden können als wir schaffen könnten, indem wir die einzelnen Teile (Elemente) an den entsprechenden Platz setzen. Aber sie hat auch den Nachteil, daß wir nur den allgemeinen Charakter der sich so ergebenden Ordnung bestimmen können, nicht aber deren Einzelheiten."[16]

Spontane Ordnungen im Sinne Hayeks oder „polyzentrische Ordnungen" im Sinne Polanyis (1951) entstehen, weil die verschiedenen Elemente (Menschen, Organisationen), die die Ordnung schließlich bilden, zwar „auf die gleichen Umstände in mancher Beziehung gleich, in anderer Beziehung verschieden reagieren"[17], aber „jedes Element auf seine individuelle Umgebung nach bestimmten (für alle ähnlichen) Regeln reagiert".[18]

Allerdings ist die Form dieser das Verhalten der Individuen

steuernden und die spontane Ordnung bildenden Regeln (Normen) nicht beliebig, sondern nur allgemeine, abstrakte und gewisse Regeln[19] sind dazu geeignet. Diese Eigenschaft werden insbesondere die Regeln des Rechts aufweisen (müssen), die im Rahmen von Ordnungspolitik bewußt verändert und/oder neugeschaffen werden, damit die Voraussetzungen für die Bildung spontaner Ordnung höherer Komplexität als bisher im wirtschaftlichen und sozialen Bereich gefördert wird. „Die geeignete Abgrenzung der individuellen Sphäre ist die Hauptfunktion der Rechtsregeln und ihr zweckmäßiger Gehalt eines der Hauptprobleme der Wirtschafts-und Sozialpolitik."[20]

Das bisher Gesagte zusammenfassend soll im weiteren folgende Arbeitsdefinition von „Ökologischer Ordnungspolitik" verwendet werden:

Ökologische Ordnungspolitik ist die Veränderung und/oder Neuschaffung sowie Durchsetzung von allgemeinen, abstrakten und gewissen Rechtsregeln[21] durch demokratisch legitimierte Organe des Rechtsstaates, die indirekt die Bildung spontaner Ordnungen der umweltrelevanten wirtschaftlichen Handlungen von Personen und Organisationen in einem hoch arbeitsteiligen Wirtschaftssystem fördern und dadurch der Sicherung einer Umwelt des Menschen, „wie er sie für seine Gesundheit und für ein menschenwürdiges Dasein braucht"[22] sowie dem Schutz von Boden, Luft, Wasser, Pflanzen und Tierwelt „vor nachteiligen Wirkungen menschlicher Eingriffe"[23] dienen.

Die theoretische Fundierung einer so definierten Ordnungspolitik nimmt ihren Ausgang beim Zentralproblem, das die spontane Ordnung der wirtschaftlicher Handlungen von Personen und Organisationen in einem Nationalstaat zu bewältigen hat, nämlich Hayeks „Use of Knowledge in Society": „The peculiar character of the problem of a rational economic order is determined precisely by the fact that the knowledge of the circumstances of which we must make use never exists in concentrated or integrated form but solely as the dispersed bits of incomplete and frequently contradictory knowledge which all the separate individuals possess."[24]

Dieses „Wissensproblem" wird akzentuiert durch die Beobachtung, daß „our knowledge of the social world is primarily embodied in practises and skills rather than in theories and that a great deal of this practical knowledge cannot be articulated and communicated."[25]

Durch diese Akzentuierung wird das Wissensproblem zum Koordinationsproblem, nämlich (1) zur Frage, wie die wirtschaftlich Handelnden das für ihre eigenen Entscheidungen benötigte Wissen über ihre soziale und natürliche Umwelt in soweit konzentrierter und konsistenter Form – ohne das Wissen der anderen totaliter zu besitzen – erhalten, daß sie „ständig veranlaßt werden, auf Ereignisse, von denen sie keine direkte Kenntnis haben, in einer Weise zu reagieren, die einen ununterbrochenen Produktionsstrom sichert"[26], und (2) zur Frage, wie „the individuals are able to form increasingly correct expectations of the other's plans"[27] so, daß unbeabsichtigt jener Grad von Ordnung im Wirtschaftsgeschehen eines Nationalstaates und zwischen Nationalstaaten entsteht, daß bei der Versorgung der Bevölkerung mit Gütern und Dienstleistungen des täglichen Bedarfs (Bedürfnisse nach bestimmten Umweltqualitäten eingeschlossen) keine langandauernden Defizite und Überschüsse auftreten.

Ausgangspunkt für ökologische Ordnungspolitik und das Bemühen um eine (wirtschafts-) theoretische Fundierung derselben ist nun die Beobachtung, „daß die Menschen in den entwickelten Volkswirtschaften offensichtlich ein enormes *Bedürfnis nach einer intakten Umwelt* verspüren, *die Ressourcen dieser Volkswirtschaften* (menschliche Arbeitskraft, natürliche Ressourcen, produzierte Ressourcen wie Maschinen etc.) aber so verwendet werden, daß die Bedürfnisse vieler Menschen nach hoher Umweltqualität *nicht* oder *nicht ausreichend* befriedigt werden" (kursiv im Original, K. F.).[28]

Dieser Überhang der Bedürfnisse der vor allem in Ballungszentren lebenden Menschen nach höheren Qualitäten der Umweltmedien Luft, Wasser und Boden über die tatsächlich bereitgestellten Mittel zur Bedürfnisbefriedigung ist einerseits die

Folge der entwicklungsbedingten Verknappung der vormals freien Umweltqualitäten und andererseits das Ausbleiben einer entsprechenden Verteuerung der Nutzung dieser knapp gewordenen Ressourcen.[29] In der Produktion nützliche Ressourcen, für die man nichts bezahlen muß, werden übernutzt in dem Sinn, daß die Verwendung der Umweltmedien als Schadstoffauffangbecken (= produktive Nutzung) die Verwendung als Lebensmittel (= konsumtive Nutzung) nicht bedürfnisgerecht dominiert.

Die Frage nun, warum in einem grundsätzlich marktwirtschaftlich organisierten Wirtschaftssystem spontan keine Märkte und Preise für die produktive und konsumtive Nutzung von Umweltmedien entstehen, und wo dementsprechend die theoretischen Ansatzpunkte für ökologische Ordnungspolitik liegen, wird von den Allokations-Gleichgewichtstheorien nicht-strategischen und strategischen Verhaltens anders und z. T. sogar im Widerspruch zu Koordinations-Evolutionstheorien mit neo-institutionalistischem Einschlag beantwortet. Während in den Gleichgewichtstheorien das Umweltproblem als ein „Effizienzversagen" vollkommener Wettbewerbsmärkte bzw. strategisch und nicht-kooperativ agierender Wirtschaftssubjekte gesehen wird, ist das Umweltproblem aus koordinationstheorischer Sicht in einem „Versagen" im Bereich der Evolution von Institutionen, welche die Koordination des Wissens und der Handlungen selbständig agierender Personen und Organisationen in einem dynamischen Umwelt-Wirtschaftsystem fördern, begründet.

Im nächsten Abschnitt werden nun die gleichgewichts-allokationstheoretischen Erklärungen für die ausbleibende marktliche Bewertung knapp gewordener Umweltqualitäten und die daraus folgende Fehlallokation volkswirtschaftlicher Ressourcen (inklusive natürlicher Ressourcen) als theoretischer Ansatzpunkt unterschiedlicher Umweltpolitik, die allerdings nur sehr eingeschränkt als ökologische Ordnungspolitik zu bezeichnen ist, dargestellt.

3. Gleichgewichts-allokationstheoretische Begründungen ökologischer Ordnungspolitik

3.1 Einleitung und Überblick

Umweltverschmutzung im allgemeinen Marktgleichgewicht bei vollkommener Konkurrenz, d. h. bei perfekter Koordination aller dezentral aufgestellten und durch die markträumenden Preise miteinander verknüpften Wirtschaftspläne: Wie ist das möglich und welche Ansatzpunkte für ökologische Ordnungspolitik lassen sich in diesem wirtschaftstheoretischen Denkmodell ausmachen?

Das genau ist das Hauptthema dieses Abschnitts und im Grunde auch das Hauptthema der sogenannten Umweltökonomik, die sich Anfang der siebziger Jahre als Spezialgebiet der Volkswirtschaftslehre zu etablieren begann und inzwischen in vielen Lehrbüchern einen gewissen inhaltlichen Standard erreicht hat.

Mit diesem aus der neoklassischen Mikroökonomik[30] hervorgegangenen Denkmodellen waren die akademischen Ökonomen, die vorher immer als wirtschaftstheoretisch versierte Vertreter etablierter Interessen galten, endlich einmal auf der Höhe ihrer Zeit.

Nach den Jahrzehnten des Wiederaufbaus und des rasanten Wirtschaftswachstums insbesondere in jenen Ländern, die den 2. Weltkrieg verloren hatten, erkannte man – dort und auch in den Siegerländern – die rauchenden Schlote, die schäumenden Gewässer und die durch künstliche Gifte kontaminierten Böden langsam, aber sicher als tödliche Gefahr.

Für die medial beunruhigten Nachkriegsgenerationen hatten die neoklassischen Umweltökonomen anglo-amerikanischer und deutscher Herkunft Erklärungen für die industriewirtschaftliche Umweltmisere parat, die auf den ersten Blick sehr einleuchtend erschienen, aber von Anfang an nicht nur einer ökologischen, sondern auch inner-ökonomischen Kritik ausgesetzt waren.

Nach umweltökonomischer Ansicht waren die über die

Umweltmedien Luft, Wasser und Boden vermittelten „negativen externen Effekte" zwischen den Produktions- und Konsummöglichkeiten der Wirtschaftseinheiten und die Eigenschaft der Qualität der Umweltmedien, sogenannte öffentliche Güter zu sein, die sozio-ökonomischen Ursachen[31] für die ausbleibende Bepreisung der Nutzung der Umweltmedien als Schadstoffauffangbecken und das Nicht-Entstehen von Märkten für Umweltqualitäten.

Dieser umweltökonomischen Diagnose entsprechend gründet akademisch konzipierte Umweltpolitik in westlichen Industrieländern einerseits auf Pigous Theorie der Allokationswirkungen negativer externer Effekte und ihrer pareto-effizienten Internalisierung mittels sog. Pigou-Steuern (1920) und andererseits auf Samuelsons Theorie der außermarktlichen Allokation öffentlicher Güter durch staatliche Setzung von Umweltqualitätsstandards sowie ihrer kostenminimalen, dezentralen Verwirklichung über Emissionssteuern oder der staatlichen Schaffung von Märkten für Verschmutzungslizenzen (1954).

Sowohl für Pigou als auch für Samuelson ist das Wohlfahrtsmaximum bzw. (etwas schwächer) die Pareto-Effizienz die Norm, an der das „Versagen" der Marktwirtschaft bei Auftreten externer Effekte bzw. öffentlicher Güter und gleichzeitig der umweltpolitische Handlungsbedarf abgelesen werden können.

Die inner-ökonomische Diskussion zu dieser Pigou-Samuelson-Theorie der Umweltpolitik wurde vor allem durch R. Coases Kritik der Pigouschen Theorie der externen Kosten und der Notwendigkeit einer Staatsintervention zu ihrer pareto-effizienten Internalisierung in seinem Artikel „The Problem of Social Cost" (1960) ausgelöst.

Interessant ist nun, daß trotz ihrer völlig konträren Schlußfolgerungen für die Wirtschaftspolitik, externe Kosten zu internalisieren, sowohl Pigou als auch Coase (implizit zumindest) das Modell des allgemeinen Marktgleichgewichts bei vollkommener Konkurrenz als Analyserahmen und die Pareto-Effizienz (= Pareto-Optimalität) als Internalisierungsnorm verwenden.

In den letzten drei Jahrzehnten wurden nun die restriktiven

Annahmen der Theorie des allgemeinen Marktgleichgewichts bei vollkommener Konkurrenz in Ansätzen zu einer Gleichgewichtstheorie bei unvollkommener Information der Wirtschaftssubjekte auf einzelnen Märkten (Gebrauchtwagenmarkt, Kreditmärkte, etc.)[32] und in Modellen mit nicht-kooperativen Gleichgewichtslösungen von Handlungsstrategien rational agierender Spieler[33] bewußt gemacht. Daher ist es nicht verwunderlich, daß Wirtschaftstheoretiker, die der Coase-Begründung interventionsfreier Umweltpolitik nicht zustimmen können, informationsökonomische und spieltheoretische Modelle verwenden, um den Wahrheitsgehalt des sogenannten Coase-Theorems auszuloten. Dabei wurden bereits einige überraschende Ergebnisse erzielt, die im folgenden Überblick referiert werden.

Nach diesen einführenden und überblicksartigen Erklärungen der methodischen Gemeinsamkeiten dieser Gleichgewichts-Allokationstheorien zur Erklärung des marktwirtschaftlichen Umweltproblems und zur Fundierung sogenannter marktwirtschaftlicher Umweltpolitik werden in der Folge die Pigou-Lösung (3.2) und die sich als Gegenposition verstehende Coase-Lösung (3.3) der Externalitätenproblematik und anschließend (3.4) eine informationsökonomische und spieltheoretische Kritik der Coase-Lösung sowie eine spieltheoretische Analyse der Nicht-Markt-Allokation öffentlicher Umweltgüter im einzelnen dargestellt.

3.2 Negative externe Effekte und ihre pareto-effiziente Internalisierung mittels Steuern (Pigou-Lösung)

Eine Produktions- und Lebensweise, bei der absolut keine Schadstoffe in die Umweltmedien abgegeben werden, ist beim gegenwärtigen Stand der industriellen Entwicklung weder physikalisch noch ökonomisch möglich. Aber auch wenn man anerkennt, daß das Auftreten ungeplanter Nebenwirkungen bei der industriellen Güterherstellung und beim Konsum dieser Güter unvermeidlich ist, ist damit noch nicht gesagt, daß die beobachtbaren Schadstoffbelastungen der Umweltmedien in den prinzipiell unternehmer-marktwirtschaftlichen Industrieländern nicht doch viel höher sind als dies der durchschnittliche Wähler wünscht.

Warum ohne staatlichen Eingriff sogar in einem ideal funktionierenden Marktsystem dieser wünschenswerte, umweltfreundliche Zustand nicht erreicht wird, erklären die neoklassischen Umweltökonomen – wie oben erwähnt – im Anschluß an Pigou (1920) mit negativen externen (weil nicht marktvermittelten) Effekten zwischen den Wirtschaftseinheiten.

Diese negativen externen Effekte, die über die Umweltmedien übermittelt werden, stellen gewinn- und nutzenvermindernde Beschränkungen der Produktions- und Konsummöglichkeiten bestimmter Wirtschaftseinheiten durch die schadstoffemittierende Produktion (Konsum) anderer Wirtschaftseinheiten dar, ohne daß die Geschädigten über die Höhe der Schadstoffemission mitentscheiden könnten. Dieser Ausschluß der durch Schadstoffemissionen Geschädigten von der Möglichkeit, die Höhe der Schadstoffemission mitzubestimmen, ist im Kern nicht ökologisch, sondern durch den nicht-kooperativen Charakter der Allokationsentscheidungen im allgemeinen Marktgleichgewicht bei vollkommener Konkurrenz bedingt.[34]

Dies wird besonders deutlich, wenn man eine reine Produktionsexternalität einer Firma betrachtet, die bei der Güterherstellung Schadstoffe emittiert (z. B. Chemiefirma am Oberlauf eines Flusses) und durch diese über ein Umweltmedium (z. B. Flußwasser) übertragenen Schadstoffe die Produktions- und damit Gewinnerzielungsmöglichkeiten eines anderen Produzenten (z.B. Fischereigenossenschaft am Unterlauf des Flusses) beeinträchtigt. Daß nun die beiden Unternehmensleiter nichtkooperativ und nach maximalem eigenen Gewinn strebend ihre Produktions- und Schadstoffemissionsmengen festlegen, wobei sie wegen der vollkommenen Konkurrenz auf allen Märkten die Marktpreise als Datum betrachten, ist einerseits durchaus im Interesse der Produktkonsumenten an einem kostengünstigen

Konsumgüterangebot, hat aber andererseits die unbeabsichtigte Konsequenz, daß die schadstoffemittierende Produktion höher ist als wenn beide Produzenten kooperativ, d.h. mit dem Ziel der Maximierung ihres gemeinsamen Gewinnes, ihre Produktionsmengen (Schadstoffemissionsmenge) bestimmt hätten.

In allgemeinen Marktgleichgewicht bei vollkommener Konkurrenz erzielen die Produzenten durch ihre systembedingt nicht-kooperative Produktionsentscheidungen maximale individuelle Gewinne, und auch die Konsumenten können im Rahmen ihrer Budgetbeschränkungen ihre Nutzen maximieren. Wegen der bei vollkommener Marktkonkurrenz in den Einzelentscheidungen des Schädigers und Geschädigten nicht berücksichtigbaren und damit auch in den Gleichgewichtspreisen nicht zum Ausdruck kommenden Handelnsinterdependenz, die durch den externen Effekt aber physisch gegeben ist, muß die nicht-kooperativ, dezentral bestimmte Marktallokation zwangsläufig von der kooperativ, zentral bestimmten Produktallokation im Wohlfahrts- oder Pareto-optimum abweichen: Die Produktstruktur im Marktgleichgewicht bei vollkommener Konkurrenz ist nicht wohlfahrtsmaximierend bzw. pareto-ineffizient, obwohl alle existenten Märkte geräumt sind und alle Wirtschaftseinheiten ihre individuell präferierten Positionen einnehmen können. Eine pareto-ineffiziente Produktstruktur bedeutet, daß bei einer anderen Produktstruktur (etwas weniger schadstoffemittierende Produktion und mehr vom umweltfreundlichen Gut) wenigstens ein Konsument einen höheren Nutzen realisieren könnte, ohne daß sich gegenüber der ursprünglichen Produktstruktur irgendein anderer Konsument schlechter stellte.

Weil der durch Schadstoffe beeinträchtigte Produzent seine Gewinneinbußen bei der Festlegung der Menge der schadstoffemittierenden Produktion nicht als Kostenfaktor einbringen kann, sind die Kosten der im Konkurrenzgleichgewicht nichtkooperativ festgelegten Menge des schadstoffemittierenden Produkts (= „private“ Kosten) kleiner als die Kosten dieses Produkts bei kooperativer Entscheidung über die Produktstruktur (= „soziale“ Kosten).

Damit ist nach Pigou und seinen modernen Anhängern ein wirtschaftstheoretischer Ansatzpunkt für ökologische Ordnungspolitik angezeigt: „It is plain that divergences between the private and social net product ... cannot ... be mitigated by a modification of the contractual relation between any two contracting parties, because the divergences arise out of a service or disservice rendered to persons other than the contracting parties. It is, however, possible for the State, if it so chooses, to remove the divergence in any field by 'extraordinary encouragments' or 'extraordinary restraints' upon investments in that field. The most obvious forms which these encouragments and restraints may assume are, of course, those of *bounties* and *taxies*" (kursiv von mir, K. F.).[35]

Auf das oben eingeführte Beispiel angewandt bedeutet diese Pigousche Politikanweisung, das Parlament eines Nationalstaates müßte die Einführung einer Abgabe auf Schadstoffe aus der Produktion chemischer Produkte beschließen, deren Höhe von den Verwaltungsbehörden in Abhängigkeit von dem zusätzlichen Erlösausfall bei dem geschädigten Produzenten durch eine weitere Schadstoffeinheit (= externe Zusatzkosten [marginal] höherer Schadstoffproduktion) festgelegt werden müßte. Nur wenn der Steuersatz pro Schadstoffmengeneinheit genau diesen externen Zusatzkosten einer weiteren Schadstoffeinheit entspricht, kommt es zur pareto-effizienten Internalisierung externer Zusatzkosten der umweltschädigenden Produktion. Private und soziale Kosten dieses Produkts stimmen jetzt überein und im Vergleich zum Zustand vorher sind die Kosten der umweltbelastenden Produktion im neuen Marktgleichgewicht höher und die gewinnmaximale Produktionsmenge und die Menge an emittierten Schadstoffen geringer. Weil der Hersteller des jetzt weniger umweltbelastenden Produkts seine nun höheren Produktionskosten teilweise auch auf die Käufer des Produkts überwälzen kann, ist der neue Marktgleichgewichtspreis des umweltbelastenden Produkts im Vergleich zu den Preisen anderer Produkte höher und die Nachfrage nach diesen Produkten geringer.

Die Festlegung von pareto-effizient internalisierenden Abgaben (Steuern) auf emittierte Schadstoffe setzt unbestechliche und wohl informierte staatliche Behörden voraus. Diese müssen nicht nur die naturwissenschaftlich-technischen Zusammenhänge zwischen den in die Umweltmedien eingeleiteten Schadstoffen und den Beeinträchtigungen der Produktionsmöglichkeiten der Geschädigten, sondern auch die Preise für das umweltbelastende Produkt im neuen Marktgleichgewicht kennen. Außerdem dürfen sich die Beamten und die verantwortlichen Politiker bei der Steuersatzfestlegung nicht vom Lamento des Produzenten, der die Emissionssteuer zahlen muß, über seinen jetzt geringeren Gewinn beeinflussen lassen (etwa mit dem Hinweis auf Arbeitsplätze, die durch die höheren Kosten gefährdet sind).

Nun liegt es nicht nur am Fehlen dieser und anderer, nicht genannter Anwendungsvoraussetzungen[36], die eine Verwirklichung von Pigouschen Emissionssteuern bisher verhindert haben. Es sind auch konzeptionelle Probleme der Pigouschen Theorie externer Effekte und des darauf aufbauenden Internalisierungsvorschlags, die diese nur partiell[37] als Fundierung ökologischer Ordnungspolitik im oben definierten Sinn tauglich erscheinen lassen.

Erstens nimmt Pigou einfach an[38], daß die Differenz zwischen privaten und sozialen (Grenz-) Kosten der Produktion nicht durch vertragliche Vereinbarungen über Entschädigungszahlungen zwischen den Privaten ausgeglichen werden kann, und zweitens postuliert er, daß das, was die Privaten nicht zustande bringen, die staatliche Behörde selbstverständlich kann, nämlich die pareto-effiziente Internalisierung. Das beides nur Annahmen und nicht Ergebnisse einer Analyse sind, haben Coase (1960) und die Theoretiker der Verfügungsrechte (Property Rights) wie Alchian (1965), Demsetz (1967) und andere gezeigt. Ihren Überlegungen ist deshalb der nächste Abschnitt gewidmet.

3.3 Nicht-definierte Verfügungsrechte über die Umweltmedien und die pareto-effiziente Internalisierung externer Kosten (Coase-Lösung)

Das Hauptergebnis der Arbeit von R. Coase aus dem Jahre 1960, die – wie schon erwähnt – explizit eine Kritik von Pigous staatsinterventionistischer Lösung des Externalitätenproblems in der Marktwirtschaft beabsichtigt, ist das von anderen so genannte Coase-Theorem.

In der von Wegehenkel (1980 a) präsentierten Form lautet dieses Theorem: „Bei Nichtexistenz von Transaktionskosten und bei Institutionalisierung einer eindeutigen Primärverteilung der mit dem externen Effekt verknüpften Rechte ... hat die personelle Zuordnung der Rechte in der Primärverteilung ... keinerlei Wirkung auf die Allokation. Es kommt also unabhängig von der personellen Zuordnung der Rechte stets die gleiche Allokation zustande. Darüber hinaus genügt diese Allokation dem Kriterium der Pareto-Optimalität."[39]

Als Primärverteilung wird hierbei jene Anfangsverteilung der mit dem externen Effekt verbundenen Verfügungsrechte bezeichnet, die der Gesetzgeber vorzunehmen hätte, um die Voraussetzungen für den Ablauf von Verhandlungen über Entschädigungs- oder Bestechungszahlungen zu schaffen. Am oben eingeführten Beispiel des Herstellers eines umweltbelastenden Produkts (der Chemiefirma am Oberlauf eines Flusses) und eines dadurch geschädigten Produzenten (der Fischereigenossenschaft am Flußunterlauf) erläutert, hätte der Gesetzgeber festzulegen, ob die Chemiefirma das Recht hat, den Fluß nach ihrem ökonomischen Gutdünken zu verschmutzen („Laissez faire" – Regel nach Coase), oder ob die Flußfischer das Recht auf einen nichtverschmutzten Fluß („Haftungsregel" nach Coase) hätten.

Hat die Chemiefirma die Verschmutzungsrechte, würde die Fischereigenossenschaft wegen der annahmegemäß fehlenden Transaktionskosten Verhandlungen mit der Chemiefirma aufnehmen und einen (Bestechungs-) Zahlungsbetrag für ein m^3 weniger schadstoffhaltiges Abwasser (bestimmter Konzentration oder geringere Schadstoffkonzentration einer bestimmten Abwassermenge) anbieten, der etwas kleiner als der dadurch vermiedene Erlösverlust der Fischer und etwas größer als der Gewinnverzicht der Chemiefirma ist. Bei dieser Konstellation erzielen sowohl die Fischer als auch die Firma durch weniger Abwassererzeugung einen Verhandlungsgewinn, der dann nicht mehr durch Produktionseinschränkung der Chemiefirma gesteigert werden kann, wenn der angebotene Geldbetrag pro m^3 Abwasser genau dem zusätzlich vermiedenen Erlösverlust der Fischer sowie dem Gewinnverzicht der Chemiefirma entspricht.

Eine gleich hohe Chemieproduktions- und Abwassermenge ergibt sich nach Ausschöpfung aller Verhandlungsgewinnmöglichkeiten, wenn die Fischer das Recht auf einen sauberen Fluß besitzen. Denn dann würde die Chemiefirma an die Fischereigenossenschaft herantreten mit einem Entschädigungsbetrag für die Erlaubnis, einen zusätzlichen m^3 Abwasser in den Fluß leiten zu dürfen, der etwas kleiner als der für die Firma damit verbundene Gewinnzuwachs und etwas größer als der für die Fischer damit verbundene Erlösausfall ist. Durch Akzeptieren einer Entschädigungszahlung in dieser Höhe stellen sich beide Verhandlungspartner besser, und wiederum sind die Verhandlungsgewinne nicht mehr zu steigern, wenn die Entschädigungszahlung der Firma genau dem Erlösentgang der Fischer sowie dem Gewinnzuwachs der Chemiefirma entspricht.

Weil eine pareto-effiziente (= pareto-optimale) Allokation genau dann vorliegt, wenn alle Möglichkeiten, durch derartige Verhandlungen zusätzliche Gewinne zu erzielen, ausgeschöpft sind, und bei beiden Verteilungen der Primärrechte an der Nutzung des Flußwassers bis zu diesem Punkt verhandelt wird, kommt es sowohl durch den Bestechungsbetrag der Fischer als auch durch die Entschädigungszahlung der Firma zu einer pareto-effizienten Internalisierung der externen (Zusatz-) Kosten der Chemieproduktion.

Dieses Ergebnis der Coaseschen Analyse stellt die oben erwähnten Annahmen der Pigouschen Theorie ökologischer

Ordnungspolitik direkt in Frage: Die externen Zusatzkosten werden durch private Verhandlungen ohne Staatseingriff internalisiert, und die Pigousteuer ist nicht nur überflüssig, sondern würde sogar wieder Ineffizienz bewirken.

Unterstellt man, daß die Verfügungsrechte über die Umweltmedien de facto, wenn auch nicht de jure, bei den Umweltschädigern liegen und insofern die Primärverteilung eindeutig ist, folgt daraus, daß entweder alle Umweltbelastung in der Marktwirtschaft pareto-effizient ist oder das Coase-Theorem nicht gilt, weil Transaktionskosten vorliegen.

Im fiktiven ersten Fall gäbe es eine gleichgewichtstheoretische Begründung ökologischer Ordnungspolitik im Sinne der Institutionalisierung einer Primärverteilung der mit Externalitäten verbundenen Verfügungsrechte in rechtlich noch nicht geregelten Fällen. Im zweiten Fall kann weder die Pigousche noch die Coasesche Theorie der pareto-effizienten Internalisierung eine wirtschaftstheoretische Begründung für ökologische Ordnungspolitik liefern.

Daraus folgt allerdings noch nicht, daß die Coasesche Analyse überhaupt keine Einsichten für die theoretische Fundierung ökologischer Ordnungspolitik enthält. Zwei solcher Einsichten seien an dieser Stelle erwähnt.

Erstens die Erkenntnis, daß auch nur in einer Richtung verlaufende technologische externe Effekte (im Beispiel von der Chemiefirma zu den Flußfischern) ökonomisch reziprok sind, d.h. Haftungsfreiheit (= laissez faire) oder Kompensationsverpflichtung können allein weder naturwissenschaftlich-technisch noch ökologisch begründet werden. Derartige Regelungen unterstellen eine Entscheidung zwischen widerstreitenden Nutzungsinteressen, die immer *normative* Momente enthält. Insofern gibt es auch – entgegen der Pigouschen Analyse – keine wirtschaftstheoretische Begründung für das Verursacherprinzip. „Das Coasesche Plädoyer für eine unvoreingenommene Beurteilung sozialer Handlungsinterdependenzen ... öffnet den Blick dafür, daß derartige Zuteilungen von Handlungsmöglichkeiten einerseits *unausweichlich* sind und daß es andererseits in diesem Entscheidungsprozeß keine technologischen Zwangsläufigkeiten gibt, die quasi unter Ausschaltung des in sozialen Institutionen stattfindenden Bewertungsvorgangs eine direkte Ableitung von Property Rights aus Externalitäten erlauben würde (kursiv im Original, K. F.).“[40]

Zweitens ist das Coase-Theorem auch unter der fiktiven Annahme keinerlei Transaktionskosten insofern für die wirtschaftstheoretische Fundierung ökologischer Ordnungspolitik interessant, als die Art der Primärverteilung der Verfügungsrechte an den Externalitäten zwar allokations-, aber nicht verteilungsneutral ist. Offensichtlich ändert sich im obigen Beispiel die Einkommensverteilung zwischen Chemiefirma und Fischereigenossenschaft, wenn die staatlichen Instanzen anstelle des laissez faire die Haftungsregel installieren würden. „Es ist deshalb interessant, daß in einer solchen Coase-Welt die Wirtschaftssubjekte ihre Situation nur verbessern können, wenn sie erfolgreich *Lobbying für eine* für sie günstigere Anfangsrechtsausstattung treiben können: *Umweltpolitik im engeren Sinne* wird durch die *Verhandlungen,* d.h. Marktlösungen, ersetzt, *im weiteren Sinne* wird sie zum *Clinch um die primären Rechte* zur Naturnutzung.“[41]

3.4 Asymmetrische Information, Umweltqualitäten als öffentliche Güter und die Unmöglichkeit pareto-effizienter Internalisierungsverhandlungen

3.4.1 Informationsasymmetrien zwischen Verursachern und Geschädigten

Die Hauptaussagen des Coase-Theorems mußten den Widerspruch der grundsätzlich zwar marktfreundlichen, im Falle von Effizienzversagen Staatsinterventionen aber genauso zugeneigten Theoretiker des Wohlfahrtsstaates und einer staatlich gelenkten (öko-sozialen) Marktwirtschaft herausfordern.

Die methodischen Hilfsmittel konnte allerdings nicht mehr die traditionelle neoklassische Gleichgewichts-Allokationstheorie liefern. Dazu war eine Weiterentwicklung des neoklassischen Modells des rationalen nicht-strategischen Verhaltens in Form der Theorie nicht-kooperativer Spiele (unter unvollkommener Information der beteiligten Spieler) notwendig. Diese Weiterentwicklung fand im letzten Jahrzehnt statt, als sich die Spieltheorie[42] der Frage nach den Bedingungen für das Zustandekommen freiwilliger Verhandlungen unter rational und strategisch agierenden Wirtschaftssubjekten zuwandte.

Die Ergebnisse dieser formal z.T. sehr anspruchsvollen Modellanalysen sind für das Coase-Theorem in seiner ursprünglichen Form tatsächlich destruktiv. Zwei Aussagen sind für die weiteren Ausführungen besonders wichtig:[43]

1) Wenn alle oben genannten Voraussetzungen des Coase-Theorems erfüllt sind, ein Verhandlungspartner aber besser als der andere über die Nutzenwirkungen bestimmter Verhandlungstrategien informiert ist (= Fall der asymmetrischen Information), kommt keine pareto-effiziente Internalisierung externer Effekte zustande.

2) Ein Schema von (z. B. finanziellen) Anreizen für die einzelnen Verhandlungspartner, das diese zu einer wahrheitsgemäßen Offenbarung ihrer privaten Information über die Nutzenwirkungen alternativer Verhandlungsstrategien bewegen und zugleich pareto-effiziente Ergebnisse liefern würde, ist grundsätzlich unmöglich.

Diese negativen Ergebnisse verbieten es, das Coase-Theorem als theoretische Begründung für eine an der paretianischen Effizienznorm ausgerichteten ökologische Ordnungspolitik zu verwenden, wenn man an die für den Umweltbereich typischen Asymmetrien hinsichtlich des Wissens über die Kosten von Vermeidungsstrategien und die daraus resultierenden Nutzen zwischen Verursachern (im technologischen Sinn) und Schädigern denkt. Es braucht nicht viel Phantasie sich vorzustellen, daß in Internalisierungsverhandlungen zwischen Verursachern und potentiell Geschädigten dieses Wissen strategisch genutzt wird und so die effiziente Internalisierung unterbleibt.

Man kann, wie Farrel (1987) zeigt, sogar noch einen Schritt weitergehen und die Pigousche ökologische Interventionslösung spieltheoretisch-allokationstheoretisch begründen. Muß eine überindividuelle Instanz („die Behörde") die Freiheit des einzelnen, an Verhandlungen teilzunehmen oder es bleiben zu lassen, nicht mehr respektieren, kann diese Instanz ein Anreizschema (System von Abgabesätzen) für die Verhandlungsteilnehmer entwerfen und dieses Anreizschema auch durchsetzen, so daß die wahrheitsgemäße Offenbarung der privaten Informationen auch individuell die beste Strategie ist.

3.4.2 Die öffentliche Gutseigenschaft der Umweltqualitäten

Zu hohe Umweltverschmutzung und zu geringe Qualität der Umweltmedien Luft, Wasser und Boden in Marktsystemen sind nicht nur die Konsequenz nicht-effizient internalisierter negativer externer Effekte im Bereich der Güterproduktion und des Güterkonsums, sondern lassen sich im Anschluß an Samuelson (1954) als Konsequenz des Marktversagens bei der Allokation sog. „öffentlicher" Güter erklären.

„Öffentliche" Güter haben nach Samuelson zwei wesentliche Eigenschaften: sie weisen keine Rivalität im Konsum auf (Wenn Herr Meier den schönen Anblick der untergehenden Sonne „konsumiert", verdrängt er Herrn Müller nicht beim Konsum desselben Gutes), und man kann (darf) jene am Konsum des Gutes, aber an der Bezahlung der (marginalen) Herstellungskosten nicht interessierten Wirtschaftssubjekte vom Konsum nicht ausschließen.

Die Qualität z. B. der Luft (= Schadstoffreiheit der Luft) in Ballungszentren ist nun ein öffentliches Gut im oben definierten Sinne mit den zusätzlichen Eigenschaften, daß die meisten Bewohner gleichzeitig Schädiger und Geschädigte sind und jeder nur einen relativ kleinen Beitrag zur Umweltverschmutzung leistet, aber durch ein umweltschonendes Verhalten bei unverändertem Verhalten der vielen anderen kaum individuell merkliche Vorteile erzielen kann.

Jeder, der in der Stadt sein Auto benutzt oder dort seine

Wohnung im Winter durch kohlebetriebene Einzelöfen beheizt, ist ein Beispiel für ein Mitglied aus diesen Gruppen von kleinen Verursacher-Geschädigten.

Die Reduktion der Schadstoffbelastung (= Erhöhung der Luftgüte) in der Stadt durch freiwilligen Verzicht auf das Auto und durch freiwilliges Umstellen der Beheizung auf Fernwärme ist ein Beispiel für die Produktion eines öffentlichen Umwelt-Gutes durch eine große Gruppe von Individuen, von denen jedes einen Beitrag zur Erstellung des Gutes „Höhere Luftgüte" zu leisten hätte.[44]

Die Frage nun, warum es individuell rational ist in einem nicht-kooperativen Gleichgewicht von Handlungsstrategien, keinen Beitrag zur Luftverbesserung zu leisten, obwohl jeder einzelne eine Situation mit Beitrag zur Erhöhung der Umweltqualität und höherer Umweltqualität der Nicht-Beitragsstrategie vorzieht, wird spieltheoretisch mit dem Vorliegen eines sogenannten sozialen Dilemmas (soziale Falle) erklärt.

Der Kern dieses Dilemmas besteht darin, daß jeder einzelne Bewohner der Stadt, wenn er von gegebenem Verhalten der anderen Bewohner ausgeht, bei isolierter Betrachtung seiner Situation einen Nutzenrückgang bei einem freiwilligen Beitrag zur Erhöhung der Umweltqualität registrieren muß, weil der Verzicht auf z.B. das Auto einen für ihn merklichen Nutzenverzicht darstellt, der Nutzenanstieg durch bessere Luft wegen seines geringen Produktionsbeitrags für ihn faktisch Null ist.

Ein rational handelnder Bewohner kann diesen Nutzenrückgang durch einen höheren Qualitätsproduktionsbeitrag durch Reduktion seiner Beitragsmenge auf Null vermeiden. Diese Strategie des Nicht-Beitragens ist unabhängig davon, wie hoch der vermutliche Beitrag aller anderen ist, immer rational: sie ist eine dominante Strategie des einzelnen Bewohners.

Da dieselbe Überlegung genauso alle anderen Bewohner – jeweils für sich betrachtet – anstellen werden, führt die dominante Strategie des Nicht-Beitragens jedes einzelnen Bewohners zu einer Gleichgewichtssituation in dem Sinn, daß kein einzelner Bewohner einen Anreiz hat, diese Strategie zu ändern und diese Nicht-Beitragsstrategien untereinander konsistent sind.

Wie im Falle der asymmetrischen Information sind die einzelnen Handlungen zwar so weit koordiniert, daß kein individueller Anreiz mehr besteht, eine andere als die Nicht-Beitragsstrategie zu wählen, aber die resultierende Luftqualität ist pareto-ineffizient.

Auch das oben erwähnte zweite Ergebnis gilt analog im Falle öffentlicher Umweltqualitäten: Man kann sich keinen Anreizmechanismus ausdenken, der die Bewohner veranlassen würde, die Position des Schwarzfahrers zu verlassen, um so doch die pareto-effiziente Umweltqualität indirekt erreichen zu können.[45]

„Die spieltheoretische Analyse umweltökonomischer Problemlagen fördert damit zunächst nur destruktive Erkenntnisse zutage. Sie zeigt, warum die Dinge zum Schlechten stehen, warum es so schwer fällt, in großen Gruppen sensible öffentliche Güter, wie es Umweltqualitäten nun einmal sind, durch individuelle Beiträge *vieler* (kursiv im Original, K. F.) zu produzieren."[46]

Diese und andere Gründe könnten Vertreter der Konzeption einer „ökologisch-sozialen" Marktwirtschaft (Bonus) veranlaßt haben, die Festlegung von Umweltqualitätsstandards und die Kontrolle ihrer Durchsetzung zur Aufgabe des ökologisch-ordnend eingreifenden Staates zu erklären, als Norm für die Festlegung der ökologischen Standards die Pareto-Effizienz aber aufzugeben.

Die grundsätzlich marktfreundliche Haltung der Vertreter ökologischer Marktwirtschaft äußert sich nun darin, daß man an dem neoliberalen Kriterium der Marktkonformität insofern festhält, als man die Bewertung der behördlich fixierten Obergrenzen für die Nutzung der Umweltmedien als Schadstoffauffangbecken der zahlungskräftigen Nachfrage der Schadstoffemittenten nach behördlich ausgegebenen Verschmutzungsrechten[47] überläßt.

Im Unterschied zur Pigouschen Emissisonssteuer wird das

zunächst pareto-ineffiziente System von Marktgleichgewichtspreisen nicht bloß durch Einführung einer Steuer verändert, sondern die Dimension des Systems von Marktpreisen durch staatliche Schaffung eines Marktes für Verschmutzungslizenzen erhöht. Diese Verschmutzungslizenzen werden von einer Verwaltungsbehörde, in der das Umweltmedium sich befindet, zu bestimmten Terminen gegen den meist Bietenden versteigert und dürfen zwischen den behördlichen Versteigerungsterminen zwischen interessierten Unternehmern gehandelt werden.

Im Endeffekt bewirkt dieser Handel mit Verschmutzungslizenzen zwischen den Schadstoffemittenten nicht nur eine preisliche Bewertung des Inputs „Nutzung eines bestimmten Umweltmediums als Schadstoffauffangbecken“ bei der Gütererzeugung, sondern auch eine kostenminimierende Allokation von Umweltschutzaktivitäten in einer Industrie. Denn jene Unternehmungen, die beim aktuellen Stand der Technik hohe Zusatz-Kosten bei Schadstoffreduktionen aufweisen, werden die Verschmutzungslizenzen von jenen Betrieben erwerben, die vergleichsweise geringe Schadensvermeidungskosten aufweisen. Weitere Transaktionen mit Verschmutzungslizenzen unter den Betrieben finden nicht mehr statt, d.h. ein Gleichgewicht auf dem Lizenzmarkt ist erreicht, wenn durch derartige Transaktionen keine einzelwirtschaftlichen Kostensenkungen mehr erzielbar sind.

Diese kostenminimierende Einhaltung behördlich vorgegebener Emissionsstandards ist nun genau dann erreicht, wenn die Grenzvermeidungskosten jedes Betriebs gleich dem Lizenzpreis und wegen dessen Einheitlichkeit im Marktgleichgewicht die Grenzvermeidungskosten aller Betriebe gleich sind.

Wenn schon eine pareto-effiziente Verschmutzungsmenge behördlich nicht festlegbar ist, dann sollen die behördlich vorgegebenen Emissionsstandards über das Rationalverhalten der Betriebe und den vollkommenen Wettbwerb auf allen Inputmärkten (inklusive des oben erwähnten ökologischen Inputs) wenigstens kostenminimierend erreicht werden. Auf diese Weise sind nicht mehr private Finanzmittel erforderlich als zur Erreichung staatlich vorgegebener ökologischer Standards nötig.

Weil in dieser Hinsicht knappe Mittel sparsam verwendet werden und der einzelne Betrieb die Wahlfreiheit zwischen Kauf von Verschmutzungslizenzen und Bau von Reinigungsanlagen hat, ist diese Lizenzlösung marktkonform auch in dem Sinne, daß den Schadstoffemittenten die Wahlfreiheit, die für die Abstimmung ihrer individuellen Pläne über Marktgleichgewichtspreise typisch ist, sogar bei der produktiven Nutzung der Umweltmedien erhalten bleibt.

Aber das, was für die Nutzer der Umweltmedien als Schadstoffauffangbecken richtig ist, gilt nicht für jene Wirtschaftssubjekte, welche die Qualität der Umweltmedien als Lebensmittel nutzen möchten. Die einzelnen Nachfrager nach höheren Qualitäten der Umweltmedien haben im Rahmen der Lizenzlösung keinen Anreiz, ihrer Zahlungsbereitschaft für höhere Umweltqualität gemäß Lizenzen zu kaufen und zu horten, weil wegen der Nicht-Rivalität im Konsum höherer Umweltqualität jeder, der eine Lizenz nur zum Zwecke der Abwehr von Schadstoffemissionen kauft, unbeabsichtigt alle Mitnachfrager zum „Schwarzfahren" (= Konsum ohne zu zahlen) einlädt. Weil niemand gerne auf Dauer ohne Entgelt die Bedürfnisse anderer befriedigt, wird die private zahlungskräftige Nachfrage nach höherer Umweltqualität gänzlich ausbleiben, und die Umweltqualität wird im günstigsten Fall den behördlich fixierten Qualitätsstandards entsprechen.

Diese Standards werden in einer parlamentarischen Demokratie von Politikern, die sich im einfachsten Fall nach der vermutlichen Meinung der Stimmenmehrheit richten, im Zusammenwirken mit Beamten, die nach möglichst viel Steuergeld für ihre Behörde trachten, entschieden.[48]

In diesem Entscheidungsprozeß spielen die Vertreter organisierter Interessen eine beträchtliche Rolle. Die Vertreter der Industrien, die vermutlich teure Verschmutzungslizenzen kaufen müssen, haben ein starkes Interesse, für moderate Öko-Standards zu plädieren und werden damit auch das Ohr der Politiker finden, die viel eher mit dem Verlust der Stimmen der Arbeitgeber und Arbeitnehmer in den betroffenen Industrien als mit dem Verlust der Stimmen der zwar an einer Umweltqualitätserhöhung grundsätzlich interessierten, aber bei Wahlentscheidungen „rational ignoranten" Durchschnittswähler rechnen müssen.

Die von Öko-Marktwirtschaftlern so favorisierten Verschmutzungslizenzen sind – so gesehen – nicht nur marktinkonform, weil die Konsumenten der Umweltqualitäten durch ihre Zahlungsbereitschaften nicht über die Höhe der Ökostandards mitentscheiden können, sondern wegen des eben beschriebenen „Politikversagens" sehr wahrscheinlich auch nicht dazu angetan, die im 2. Abschnitt formulierten Ziele ökologischer Ordnungspolitik viel besser als bisher zu erreichen.

Damit erhebt sich die Frage, wie die theoretischen Grundlagen einer marktkonformen und ökologisch treffsicheren Ordnungspolitik aussehen könnten, wenn sowohl das ursprüngliche Coase-Theorem als auch die durch eine Behörde erzwungene Verhandlungslösung à la Farrel als theoretische Grundlagen einer derartigen ordnungspolitischen Konzeption ausscheiden.

Einen eher programmatischen Versuch, diese Frage zu beantworten, enthält der nächste Abschnitt.

4. Koordinations-evolutionstheoretische Begründungen ökologischer Ordnungspolitik im Telegrammstil

4.1 Transaktionskosten versus Gleichgewichtstheorie

Aus spiel- und allokationstheoretischer Sicht ist das Coase-Theorem ohne Bedeutung für die wirtschaftstheoretische Fundierung ökologischer Ordnungspolitik. Weder die allokative Irrelevanz der Primärverteilung der Verfügungsrechte noch die Pareto-Effizienz der freiwilligen Bestechungs- oder Entschädigungszahlungen sind bei unvollkommener Information und/oder öffentlichen Gütern zu erwarten.

Bevor man den vorschnellen Schluß zieht, „das Coase-Theorem in die Vielzahl jener Modelle aus der Wirtschaftstheorie einzuordnen, deren Anwendbarkeit auf akademische Bereiche beschränkt bleibt“[49], ist zu fragen, ob die verbreitete Geringschätzung dieses Theorems nicht implizit mit der fast ausschließlich gleichgewichts-, spiel-, und allokationstheoretischen Orientierung der meisten Umweltökonomen zusammenhängt.

Wenn man dagegen nicht nur gesellschaftliche Zustände mit perfekt koordinierten nicht-strategischen (= allgemeines Marktgleichgewicht bei vollkommener Konkurrenz) oder strategischen Handlungen (= spieltheoretische Gleichgewichtslösung) und die Pareto-Effizienz als gesellschaftliche Ideal-Norm betrachtet, an der der wirtschaftspolitische Handlungsbedarf im Hinblick auf eine bestimmte Gleichgewichtslösung abgelesen werden kann, ist die Frage zulässig, ob nicht „wesentliche Aussagen des Coase-Theorems auch bei Existenz von Transaktionskosten erhalten bleiben, sofern gewisse Bedingungen erfüllt werden“[50].

Schmidtchen (1990) stellt zunächst klar, daß bei positiven Transaktionskosten gar keine Wahlmöglichkeit zwischen gleichgewichts- und ungleichgewichtstheoretischer Betrachtungsweise besteht. „If there are positive ex ante transaction costs, then we have soft contracting and as a consequence we have trouble in monitoring contract performance resulting in ex post transaction costs. These are things which are inconsistent with the idea of equilibrium.“[51]

Wie aber sieht eine Ungleichgewichtstheorie der spontanen Entstehung und der Persistenz einer Handelnsordnung in einem hoch arbeitsteiligen Wirtschaftssystem mit positiven Transaktionskosten aus?

Den entscheidenden Hinweis zur Beantwortung dieser Frage gibt Dahlman (1979), der betont, daß „the source of all transaction costs is imperfect information“.[52]

Unvollkommene Information, unvollständiges Wissen oder auch „konstitutionelle Unsicherheit“[53] sind aber genau jene Randbedingungen, von denen eine Theorie der spontanen

Ordnung der umweltrelevanten wirtschaftlichen Handlungen eigeninteressierter Wirtschaftssubjekte nach v. Hayek und den anderen Österreichern ausgeht.

4.2 Marktungleichgewicht, Koordination durch unternehmerische Arbitrage und Erosion laufender Transaktionskosten durch Wettbewerb zwischen Unternehmern

Der amerikanische Post-Österreicher I. M. Kirzner hat in einer Serie von Arbeiten (1973, 1979, 1985, 1992) eine Ungleichgewichtstheorie der marktwirtschaftlichen Handelnsordnung unter den Bedingungen konstitutioneller Unwissenheit entwickelt. Im Mittelpunkt von Kirzners Marktprozeßtheorie stehen zum einen die im allgemeinen Marktgleichgewicht überflüssige Person des Unternehmers, der durch Arbitrage einen Gewinn erzielt, und zum anderen der durch die Arbitragegewinne gesteuerte Prozeß des unternehmerischen Wettbewerbs um diese Arbitragegewinnmöglichkeiten.

Die Quellen von Gewinnen durch Arbitrage im Marktungleichgewicht sind einerseits das Unwissen der Anbieter (Nachfrager) über den am meisten bietenden (am wenigsten fordernden) Nachfrager (Anbieter) und andererseits die Findigkeit (alertness) von Unternehmern, diese Wissenslücken (= Lücken in der Handelnskoordination) zu entdecken.

Auf einem bereits existenten Spot-Markt äußern sich diese Koordinationslücken in Unterschieden zwischen Ver- und Ankaufspreisen ein und desselben Gutes. In einer Situation, in der einige Nachfrager teurer kaufen als „erforderlich" und einige Anbieter billiger verkaufen als „erforderlich", kann ein findiger Unternehmer ohne finanziellen Aufwand für den Erwerb knapper Ressourcen dadurch einen Gewinn machen, daß er den Anbietern einen etwas höheren Kaufpreis – als diese aktuell erzielen – bietet, die Ware zu diesem Preis kauft und an die Nachfrager zu einem über seinem Einkaufspreis, aber unter deren aktuellen Beschaffungspreis liegenden Preis verkauft. Die Kauf- und Verkaufsaktivität des Unternehmers heißt Arbitrage und die Differenz zwischen Verkaufs- und

Einkaufspreis pro Wareneinheit ist der Gewinn aus Arbitrage pro Wareneinheit.

„It should be noticed that ... the ‚co-ordinative properties' of the (disequilibrium) market derive from the ability of prices to communicate information, *but in a sense quite different from that in which equilibrium prices may be said to co-ordinate through the accurate communication of information*. (kursiv im Original, K.F.). ...Disequilibrium prices can, if at all, be described as ‚co-ordinating' only in the sense that they reveal, to alert market participants, how *altered* decisions on their part (from those that contributed to the emergence of these disequilibrium prices) may be wiser for the future.... The information that inspires these ‚co-ordinating' changes is indeed information that is supplied by the initial structure of prices, but so supplied only through alert *realization* of the failures of those initial prices to achieve the kind of co-ordination that we found in the case of equilibrium prices"[54].

Die entscheidende koordinationstheoretische Einsicht von Kirzners Marktprozeßtheorie ist, daß die durch aktuelle Arbitragegeschäfte realisierten Gewinne für findige Unternehmer, die nach weiteren Verdienstmöglichkeiten suchen, Informationen darüber vermitteln, daß durch geänderte Konditionen bei zukünftigen Arbitragegeschäften weiter Gewinne erzielt werden können. Diese stellen daher auch Anreize für bisher in der Arbitrage noch nicht aktive Unternehmer dar, sich im Wettbewerb mit den bereits etablierten durch noch bessere Imaginationen über vorteilhafte Arbitragegeschäfte zu messen und so unbeabsichtigt das Unwissen der Marktteilnehmer und die Diskoordination zwischen ihnen zu verringern. Die Konsequenz ist, daß in den vermehrten Arbitragegeschäften mit den zahlenmäßig unveränderten Anbietern und Nachfragern steigende Kaufpreise und sinkende Verkaufspreise (= Marktungleichgewicht wird verringert) geboten werden.

Indem durch profitable Arbitragegeschäfte von Unternehmern mit Nicht-Unternehmern und durch den Wettbewerb zwischen unternehmerischen Menschen um diese Gewinnopportunitäten das Unwissen der Transaktionspartner bezüglich wechselseitig vorteilhafter Tauschmöglichkeiten sinkt, nimmt jener Teil der Transaktionskosten ab, der auf unvollständiger Information der Transaktionspartner über diese Tauschmöglichkeiten beruht. Ähnliches gilt für die mit Transaktionen verbundenen Verhandlungskosten.

Im Anschluß an Wegehenkel (1980b) ist es zweckmäßig, die Informations- und Verhandlungskosten als laufende Transaktionskosten zu bezeichnen und diese von den Kosten der Rechtsinstitutionalisierung abzugrenzen. Letztere müssen einmal aufgewendet werden, damit die eben beschriebenen Marktprozesse überhaupt starten können. Diese Kosten für die Definition und personelle Zuordnung exklusiver Verfügungsrechte an für den Tausch freigegebenen Ressourcen sind für die laufenden Transaktionen „versunkene" Kosten: Sie spielen auf einem bereits etablierten Markt keine Rolle mehr.

„Zusammenfassend kann man feststellen, daß die laufenden Transaktionskosten auf einem bestimmten Markt zumindest in ihrer Ausprägung als Informations- und Verhandlungskosten korrespondierend mit dem Koordinierungsgrad abnehmen. Das bedeutet aber, daß die Arbitragemöglichkeiten mit abnehmenden Transaktionskosten geringer werden. Unternehmerische Findigkeit wird also insbesondere dort durch hohe Arbitrage belohnt, wo die Transaktionskosten (noch) hoch sind."[55]

Nun gibt es im Marktprozeß nicht nur den Unternehmer als Arbitrageur, sondern auch den Schumpeterschen Innovator, der durch Markteinführung von Inventionen zum schöpferischen Zerstörer wird und so den Koordinationsprozeß, der in einer stationären Ökonomie (theoretisch nach unendlich langer Zeit) zum Gleichgewicht führen würde, systematisch stört.

Prozeß- und Produktinnovationen, die nach Schumpeter (1926) von den im Wettbewerb stehenden Unternehmern zur Erzielung von Pionier- und Imitationsgewinnen getätigt werden, sind in einem interdependenten Umwelt-Wirtschaftsystem, das dem Gesetz der Masseerhaltung gehorchen muß, nach Perrings

(1987) sogar eine makroskopische Notwendigkeit. Denn wenn die Schadstoffe, die beim Produktionsprozeß ungeplant anfallen, nicht zum Nulltarif zum Verschwinden gebracht werden können, verändern diese die Produktionsmöglichkeiten in den nachfolgenden Perioden. Findige Prozeß- und Produktinnovatoren werden diesen umweltbedingten Druck im System mikroperspektivisch „imaginieren" und bei Erwartung von Extragewinnen umweltfreundlichere Techniken und Produkte im Marktsystem einführen.

Mit Gewinnerwartungen verbundene technische Neuerungen sind ein Beispiel dafür, daß die sog. Daten des Marktprozesses einem endogenen Wandel unterliegen. Die Geschwindigkeit des Koordinationsprozesses im Marktungleichgewicht im Vergleich zur Geschwindigkeit des technologischen Wandels gewinnt damit an Bedeutung für die Höhe des „Transaktionskostenpegels"[56] im permanenten Marktungleichgewicht.

„Je schneller die Anpassungsprozesse im Verhältnis zur Änderung der wirtschaftlichen Daten ablaufen, umso niedriger ist der Transaktionskostenpegel. Je langsamer die Anpassungsprozesse im Verhältnis zur Geschwindigkeit der Datenänderung ablaufen, umso höher ist der ständige Transaktionskostenpegel."[57]

4.3 „Marktversagen" im Marktungleichgewicht, die Evolution des Marktsystems durch (semi)spontane Neuschaffung von Regeln (Institutionen) und die nicht-paretoeffiziente Internalisierung externer Kosten

„Neben der Analyse von Koordinationsprozessen in Gleichgewichtsnähe und dem *dort* hervorgebrachten Wissen muß die Analyse von Koordinationsprozessen in Gleichgewichtsferne und dem *dort* generierten Wissen treten (kursiv im Original, K.F.)."[58]

Ohne an dieser Stelle schon den Begriff der „Gleichgewichtsferne" genauer zu klären, ist intuitiv klar, daß die im vorigen Kapitel beschriebenen Marktversagen in bezug auf die Umweltnutzungen nicht nur als Fehlallokationsprobleme im oder nahe dem allgemeinen Marktgleichgewicht, sondern auch als Koordinationsprobleme fern von allgemeinen Gleichgewichtszuständen beschrieben werden können.

Diese Vermutung läßt sich insofern erhärten, als im Unterschied zu den bereits beschriebenen Koordinationsprozessen im Marktungleichgewicht eines rechtlich bereits institutionalisierten Marktes die umweltökonomischen Koordinationsprobleme vielfach in rechtlich (noch) nicht oder nicht adäquat institutionalisiertem Rahmen auftreten. Viele Umweltmedien befinden sich (auch nach zwanzig Jahren umweltrechtlicher Regulierung) im (durch bürokratische Nutzungsbeschränkungen etwas verdünnten) ungeregelten Gemeineigentum, das eine „Rechtstrukturinkonsistenz" in dem Sinn aufweist, daß „einerseits ... jedes Mitglied der Gemeinschaft ein Nutzungsrecht an den verfügbaren Ressourcen [hat] und andererseits [es] ... niemandem gestattet [ist], andere an der Ausübung ihrer Rechte zu hindern."[59]

Ressourcen im ungeregelten Gemeineigentum können zwischen den interessierten Nutzern nicht gegen Zahlung eines Entgeltes übertragen werden, weil eben keine Person das Recht besitzt, andere Personen von der Nutzung der Ressource auszuschließen. Daher gibt es keine Märkte und Marktpreise für die friedliche Regelung der Konkurrenz zwischen produktiver und konsumtiver Verwendung der Umweltqualitäten.

Man könnte auch sagen, die Nutzung der Umweltmedien erfolgt in weiten Bereichen fern von einem Koordinationsgleichgewicht. „Gleichgewichtsferne ist ... dadurch charakterisiert, daß das für Koordination und Realisierung der individuellen Pläne relevante Wissen wenigstens für ‚einige', das heißt auf einigen (potentiellen, K.F.) Märkten, nur zu ‚untragbar' hohen Kosten erlangt werden kann. Das Marktsystem befindet sich dann im Hinblick auf diese Märkte fern vom Gleichgewicht."[60]

Im Umweltbereich sind die im Zitat angesprochenen Märkte noch nicht existent, weil noch niemand die Transaktionskosten im Zusammenhang mit der parlamentarisch-demokratischen Definition und persönlichen Zuordnung exklusiver Handlungsrechte im Hinblick auf die wirtschaftliche Nutzung von Umweltmedien aufgewendet hat.

„Erst nach Aufwendung der Transaktionskosten für Rechtsinstitutionalisierung und zwar so, daß Exklusivität auch *technisch* hergestellt werden kann, sinken die laufenden Transaktionskosten so weit, daß sich Tausch lohnt. Die Transaktionskosten der Rechtsinstitutionalisierung sind also Investitionen der Gesellschaft zum Zwecke der Komplexitätssteigerung des wirtschaftlichen Subsystems, also zum Abbau der Komplexitätsdifferenz zwischen System und Umwelt."[61]

„Das unternehmerische Element stößt bei seiner Suche nach Arbitragemöglichkeiten ständig auf Rechtskomponenten [z.B. das Recht, die Einleitung von Schadstoffen in den Luftraum über den im privaten und öffentlichen Eigentum befindlichen Grundstücken zu verhindern (meine Einfügung, K. F.)], die noch nicht spezifiziert und zugeordnet und damit als solche auch nicht tauschfähig sind. Es streicht solange die Knappheitsrente für die Rechtskomponente als Arbitrage ein, wie deren Knappheit nicht erkannt ist."[62]

Wenn andere Unternehmer diese Arbitragegewinnmöglichkeit auch erkennen, werden die rechtlich freien, de facto aber extrem verknappten Umweltmedien wirtschaftlich so stark genutzt, daß um die Nutzungsrechte Konflikte entbrennen, die meist mit Appellen und Forderungen der involvierten Parteien an die Politiker, ihre jeweiligen Interessen durch Handlungsbeschränkungen der Gegenseite und/oder Subventionen für die behaupteten eigenen Wohlstandsverluste zu unterstützen, politisch fortgesetzt werden.

Da diese Nutzungskonflikte in der Regel nicht durch Schaffung allgemeiner, abstrakter und gewisser Rechtsregeln vom politischen System entschieden werden, sinkt die Komplexität des wirtschaftlichen Systems in seiner Interaktion mit der Umwelt auf ein so geringes Niveau, daß die Stabilität des Wirtschaftssystems insgesamt gefährdet ist.

Dieser Systemdestabilisierung entkommt das Wirtschaftssystem teilweise durch Selbstorganisation von Regeln (z.B. Umweltgütesiegel) und Institutionen (z.B. Energie- und Umweltberater). Es ist wieder die Findigkeit unternehmerischer Menschen, die durch die Schaffung von Regeln und Institutionen die heterogene und widersprüchliche Umwelt zumindest teilweise vereinheitlichen und sie so konsistent und objektiv machen.

„Das Bestreben unternehmerisch-findiger einzelner, unter Bedingungen der Allokationsgleichgewichtsferne ihre auf subjektiven Daten beruhenden Wirtschaftspläne zu verwirklichen, führt somit auch zum Auffinden jener Koordinationslücken, die, wie die Beteiligten dann erkennen, so geartet sind, daß sie zweckmäßigerweise nur durch (eine Investition in) eine neue gemeinsame Norm [Regel] zu schließen sind. Es kommt so zur Entdeckung der für die Planrealisierung ‚relevanten Regeln' – analog der Entdeckung des für die Planrealisierung relevanten Wissens"[63] nahe einem Koordinationsgleichgewicht.

Setzen sich die neu geschaffenen Regeln und Institutionen am Markt durch, sinken die Transaktionskosten der Marktteilnehmer in Form von Informations- und Verhandlungskosten so weit, daß Markttransaktionen durch Vermittlung arbitragierender Unternehmer zustande kommen und durch den Wettbewerb der Arbitrageure die Informationskosten weiter sinken, mit der Konsequenz, daß externe Effekte zwar pareto-ineffizient (weil außerhalb eines Koordinationsgleichgewichts), aber marktsystemendogen internalisiert werden.

Im Rahmen einer solchen Ungleichgewichtsbetrachtung gilt ein modifiziertes Coase-Theorem sogar bei positiven Transaktionskosten: „Unabhängig davon, *wer* die relevanten exklusiven Verfügungsrechte zugeordnet bekommt, ergeben sich langfristig die Tauschakte, die für den sparsamen Umgang mit knappen Ressourcen notwendig sind (kursiv im Original, K. F.)."[64]

Für die Anwendbarkeit dieser Koordinations- und Evolutionstheorie des Marktsystems auf die Frage der endogenen Schließung umweltökonomischer Koordinationslücken sind die in diesem Bereich typischen sozialen Dilemmasituationen und die Konfliktträchtigkeit von Handlungsinterdependenzen in Form der negativen Umweltexternalitäten zu berücksichtigen.

Kann auch der Konflikt ähnlich wie der Wettbewerb ein Verfahren sein, das zur unbeabsichtigten Entdeckung von Regeln und Institutionen führt, die aber im Unterschied zu den oben bereits besprochenen Regeln „überwachungsbedürftig"[65] sind?

Nach Hayek (1969) ist der soziale Konflikt tatsächlich „als ein Verfahren zur Entdeckung von Tatsachen [zu] betrachten, die ohne sein Bestehen ... unbekannt bleiben ... würden."[66] Es sind genau jene Tatsachen, die der Objektivierung durch neue und überwachungsbedürftige Regeln erst noch bedürfen.

„Zu einem aktuellen Konflikt zwischen zwei Parteien kommt es dann, wenn beide ihre Ziele tatsächlich verfolgen und die zur Zielrealisierung benötigten Mittel in dem Sinn knapp sind, als ihre Inanspruchnahme durch eine Partei die (gleichzeitige) Inanspruchnahme durch die andere notwendigerweise, zumindest teilweise, ausschließt. ... Das Wissen um die Existenz eines Streitobjekts braucht nicht von Anfang an vorzuliegen."[67]

„Nun kann sich im Verlauf der Konfliktaustragung herausstellen, daß die von den streitenden Parteien zu tragenden Konfliktkosten so hoch werden oder es bereits geworden sind, daß es für sie zu einer ‚Überlebensfrage' wird, ob sie sich ausdrücklich oder stillschweigend darauf *einigen,* die Kampfhandlungen zu beenden und sich künftig nicht mehr in die ‚inneren Angelegenheiten' des anderen einzumischen (kursiv und Anführungszeichen im Original, K. F.)."[68]

„Im Konflikt, aus dem keiner als totaler Sieger hervorging und durch den ein regelungsbedürftiger Tatbestand entdeckt wurde, war auf beiden Seiten der Wunsch ... nach einer *Übereinkunft* entstanden, die gewährleisten sollte, daß die Kontrahenten künftig voreinander sicher sind. Insoweit ist das Marktsystem an dieser Stelle aufnahmefähig für eine Nichteinmischungsregel."[69] Eine solche Nichteinmischungsregel, die besagt, in welchem Rahmen welche Personen über eine Ressource nach ihrem Belieben verfahren und Dritte von der

Verfügung ausschließen dürfen, ist ein System von Eigentums-, Verfügungs- oder Handlungsrechten, das gegenüber dem „Krieg aller mit allen“ um die Nutzung knapper (Umwelt-) Ressourcen einerseits geringere Transaktionskosten beim Austausch von Verfügungsmacht aufweist und andererseits indirekt systematische Anreize zu einem haushalterischen Umgang mit diesen Ressourcen schafft.

Allerdings ist keine „Eigentumsrechtsordnung ... ohne Überwachung möglich. Denn einseitige Übertretung der Regeln bringt einseitige Vorteile. ... Aber immer dann, wenn die Kosten der Errichtung und Überwachung solcher Regeln geringer sind, als die durch die Regeln ermöglichte Einsparung an Informations- und anderen Transaktionskosten, vor allem Konfliktkosten, werden sie sich herausbilden. ... So erwächst aus dem Konflikt um knappe Ressourcen außer einer Rechtsordnung notwendigerweise auch eine Überwachungsinstanz.“[70]

In Anlehnung an Wegehenkel (1980b) werden diese allgemeinen Überlegungen nun abschließend auf die umweltökonomische Fragestellung angewandt, wie die durch prohibitiv hohe Konfliktkosten bedingte Diskoordination, z.B. bei der Nutzung des Umweltmediums „Luftsäule über einer Stadt in einer Beckenlage“, durch „semispontane“ Entstehung von allgemeinen Rechtsregeln und darauf aufbauenden Institutionen soweit reduziert werden kann, daß knapp gewordene Komponenten der mit dem Umweltmedium Luft verbundenen Verfügungsrechte auf Märkten getauscht und im unternehmerischen Wettbewerbs-prozeß preislich bewertet werden können.

Die Überwindung der bei der Luftallokation auftretenden Dilemmasituationen durch Weiterentwicklung der Rechtsordnung in Form der Spezifikation und personellen Zuordnung exklusiver Verfügungsrechte über die städtische Luftsäule muß nicht nur den Hayekschen Kriterien, sondern auch *dem technischen Entwicklungsstand* und dem *Knappheitsgrad* der Ressourcen entsprechen. Würde man nämlich jedem Bodenbesitzer in der Stadt ein exklusives Verfügungsrecht über die Luftsäule über seinem Boden zusprechen (z. B. „Jeder Grundbesitzer hat das alleinige Verfügungsrecht über die Luftsäule über seinem Grundstück"), dann könnte bei dieser rechtlichen Spezifikation der Verfügungsrechte kein Handel mit diesen einsetzen, weil der Ausschluß Zahlungsunwilliger nur zu exorbitant hohen Kosten möglich wäre. Die Ausschlußrechte sind zu „feinkörnig spezifiziert"[71], die Spezifikation entspricht nicht dem momentanen Knappheitsgrad und dem Entwicklungsstand der Kontrolltechnologie.

Damit diesem Erfordernis Rechnung getragen wird, „könnte man exklusive Verfügungsrechte dergestalt spezifizieren und zuordnen, daß dabei etwa ganze im ‚Nutzungszusammenhang' stehende Gebiete zusammengefaßt werden. Die exklusiven Verfügungsrechte an sauberer Luft für ein derartiges Gebiet könnte man einer oder mehreren Personen zuordnen. ... Die Inhaber der exklusiven Verfügungsrechte an sauberer Luft müßten die Zahlungsbereitschaft der ‚Konsumenten' von Atemluft gegen die Zahlungsbereitschaft von Produzenten, die das Recht, Luft in bestimmter Weise zu verunreinigen, als Produktionsfaktor einsetzen wollen, abwägen."[72]

Im Unterschied zu Emissionszertifikaten, die von einer Behörde ausgegeben und deren Anzahl von dieser Behörde gemäß politischen Vorgaben fixiert wird, richten die privaten Emittenten von Verschmutzungsrechten die Anzahl der Verschmutzungsscheine an der (marginalen) Zahlungsbereitschaft der Nachfrager nach besserer Luft aus.

Dies setzt natürlich voraus, daß erstere die durch ein allgemeines Gesetz festgelegte Berechtigung haben, von allen Bewohnern des erwähnten Talbeckens Zahlungen dafür erheben zu können, daß (1) weniger Verschmutzungsscheine vergeben werden als nach einem behördlich vorgebenem Mindeststandard möglich wäre, und (2) jeden zahlungsunwilligen Stadtbewohner vom Konsum besserer Luft durch eine Delogierungsklage ausschließen können.

„Konsumenten, die einen besseren Qualitätsstandard wünschen, als er am Ort gegeben ist, können in einen anderen Ort ziehen, der in dieser Hinsicht ihren Vorstellungen entspricht.

Ebenso könnten sie ihren Wohnsitz wechseln, wenn ihnen der örtliche Qualitätsstandard im Vergleich zu ähnlichen in anderen Orten zu teuer erscheint.

... Es sei darauf hingewiesen, daß Qualitätsstandards im gegebenen Kontext aus der Sicht der Konsumenten *kein* öffentliches Gut wären. Jeder Konsument könnte mit relativ geringem Aufwand *privat* überprüfen, ob der vertraglich zugesicherte Standard auch tatsächlich eingehalten wird (kursiv im Original, K. F.).“[73]

5. Abschließende Bemerkungen aus ökonomisch-biblischer Sicht

Die ausführlich-kritische Darstellung gleichgewichts-allokations-theoretischer Grundlagen im 3. Abschnitt und die stichwortartig-unkritische[74] Vorstellung koordinations-evolutions-theoretischer Grundlagen ökologischer Ordnungspolitik im 4. Abschnitt werden in diesem Abschnitt mit einigen Bemerkungen aus „ökonomisch-biblischer“[75] Sicht abgeschlossen.

Im besonderen geht es dabei um die Frage, ob die Schwierigkeiten berechtigt sind, die oft gerade „bibeltreue“ Christen mit einer eher (alt-) liberalen Politikkonzeption haben, und die deshalb nicht selten direkte Eingriffe staatlicher Behörden in die Entscheidungsbereiche privater Wirtschaftssubjekte fordern, so daß mittels staatlicher Zwangsgewalt aus der Bibel herausgelesene Öko-Standards in der Gesellschaft durchgesetzt werden.

Im Gegensatz zu diesem individualethisch fundierten, (öko-) sozialen Moralismus liegt nach (alt-) liberaler Überzeugung der Hauptansatzpunkt für (ökologische) Moral und Ethos im gesellschaftlichen Raum im Bereich der Konzeption allgemein gültiger Regeln, welche die Grundlage für die spontane Entwicklung von Institutionen und einer Handelnsordnung in einer arbeitsteiligen Wirtschaft darstellen. Welche Moral und welches Ethos zu Rate gezogen werden, ist – mit gewissen Einschränkungen – offen.

Nach der persönlichen Überzeugung des Verfassers sollten

dies die in der Bibel enthaltenen Moral- und Wertvorstellungen sein. Diese Überzeugung gründet auf dem biblischen Zeugnis von dem einen, unendlich-persönlichen Gott, der hinter diesen Moral- und Wertvorstellungen steht.

Diese Glaubensüberzeugung kann aber auch Eingang finden in ein wirtschaftswissenschaftliches Forschungsprogramm, das in Analogie zu Hempelmanns „theologisch-biblischem“ Paradigma[76] als „ökonomisch-biblisches Forschungsprogramm“[77] bezeichnet wurde, und die Offenheit ökonomischen Denkens für die alle Lebensbereiche umfassende Weltherrschaft des biblischen Gottes aufrechterhalten möchte. Der biblische Gott übt diese Weltherrschaft u.a. mittels diverser „Erhaltungsordnungen“ („postlapsarischer Notordnungen“[78]) auch im sozio-ökonomischen und ökologisch-ökonomischen Bereich der Gesellschaft aus.

Bei entsprechender Vorsicht lassen sich die in dieser Arbeit (ohne kritischen Bemerkungen) präsentierten gleichgewichts-allokations- und koordinations-evolutionstheoretischen Überlegungen zur Fundierung ökologischer Ordnungspolitik als sichtbares Nach-Denken der unsichtbaren Erhaltungsgedanken Gottes interpretieren.

Im Gegensatz zu dem (impliziten) inner-ökonomischen Zukunftsoptimismus gleichgewichts-allokationstheoretischer und koordinations-evolutionstheoretischer Provenienz, der (auch) von (christlichen) Öko-Engagierten zum Teil zu Recht kritisiert wird, ist in dieser biblisch-ökonomischen Interpretation der präsentierten wirtschaftstheoretischen Grundlagen ökologischer Ordnungspolitik durchaus Raum für immanente, menschengemachte Katastrophen im Umwelt-Wirtschaftssystem und für das transzendente, gottgewollte Gericht Gottes über eine Menschheit, die mehrheitlich dem Heilsangebot Gottes in Christus Jesus bewußt oder unbewußt ablehnend gegenübersteht. Daß bei diesem Gericht über den Menschen, die „Krone der Schöpfung“, auch die Natur als sein Herrschaftsbereich mitbetroffen sein wird, ist den endzeitlichen Schriften der Bibel unzweideutig zu entnehmen.

Andererseits wird die soeben angedeutete „metaphysische Fundierung“ einer spontanen Ordnung durch den Erhaltungswillen des biblischen Gottes auch von Christen nicht ohne Widerspruch akzeptiert. Davon zeugt die Geschichte der Auseinandersetzungen zwischen (neo-) liberaler Sozialtheorie und den christlichen Soziallehren der Großkirchen.

Die christlichen Kritiker der liberalen Gesellschaftstheorie monierten zum einen die liberale Konzeption autonomer Individuen im Unterschied zu ihrem Menschenbild gottabhängiger Personen. Zum anderen wird die – vor allem in libertären Kreisen verbreitete – anarchistische Gesellschaftsauffassung kritisiert, die auf einer Theorie kultureller und sozialer Evolution ohne die Notwendigkeit der Regulierung durch geistliche und/oder staatliche Autoritäten basiert, im Unterschied zur biblischen Selbstverständlichkeit staatlicher Autoritäten zumindest zum Zwecke der Aufrechterhaltung einer an Gottes Geboten ausgerichteten, öffentlichen Rechts- und Sittenordnung.

Ist es neben diesen – jedoch nicht allen liberalen Ansätzen gegenüber – durchaus berechtigten Einwänden nicht auch die (oft unreflektierte) Angst vor den letztlich durch Gottes Gerichte ausgelösten ökologischen Katastrophen, die es vielen (auch christlichen) Menschen schwer macht, einen Öko-Interventionismus, der nahezu Allmacht und Allwissenheit staatlicher Behörden voraussetzt, kritisch zu hinterfragen und die neo-institutionalistischen und post-österreichischen Koordinations-Evolutionstheorien, welche die spontane Bildung von Ordnung aus konstitutionellem Unwissen nahe und ferne eines Allokationsgleichgewichts beschreiben, wenigstens einer Prüfung zu unterziehen?

Das will nicht heißen, daß es nicht noch einer breiten sachlichen Diskussion um die in dieser Arbeit dargestellten theoretischen Grundlagen ökologischer Ordnungspolitik bedürfte. Trotz dieses Diskussionsbedarfs muß gerade aus „biblisch-ökonomischer“ Sicht einerseits die wirtschaftswissenschaftliche Fruchtbarkeit des koordinations-evolutionstheoretischen Ansatzes bei der Analyse des marktwirtschaftlichen

Umweltproblems und einer darauf aufbauenden Ordnungspolitik positiv betont werden. Die diesen Ansätzen zugrundliegende Konzeption der Gesellschaft als offenem System läßt andererseits im Unterschied zu den geschlossenen Systemkonzeptionen der Gleichgewichtstheorien vergleichsweise auch mehr Raum für die biblisch-heilsgeschichtliche Fundierung der Dynamik offener gesellschaftlicher Systeme.

Dem Verfasser erscheint daher der koordinations-evolutionstheoretische Denkansatz als eine interessante, wenn auch kritisch[79] zu prüfende Möglichkeit, die aufgezeigten Schwächen der gleichgewichts-allokationstheoretischen Fundierung ökologischer Ordnungspolitik zu überwinden und nach entsprechender Einbettung in ein ökonomisch-biblisches Forschungsprogramm wichtige theoretische Grundlagen einer von biblisch-christlicher „Weltverantwortung"[80] beseelten ökologischen Ordnungspolitik anzubieten.

Literaturverzeichnis:

Aiginger, K., 1989, Am Weg zu einer ökosozialen Marktwirtschaft, Politische Akademie der ÖVP, Wien.

Alchian, A., 1965, Some Economics of Property Rights, in: Il Politico 30, 816 – 829.

Anderson, T. L. / Leal, D. R., 1991, Free Market Environmentalism, Pacific Research Institute for Public Policy, Boulder, Colorado.

Andreae, C. A., 1971, Umweltschutz und Marktwirtschaft, in: Wirtschaft und Wettbewerb 21, 753 – 758.

Arrow, K. J., 1951, An extension of the basic theorems of classical welfare economics, in: Neyman, J. (ed.), Proceedings of the Second Berkeley Symposium on Mathematical Statistics and Probability, University of California Press, Berkeley, 507 – 532.

Beckenbach, F. (Hrsg.), 1991, 1992^2, Die ökologische Herausforderung für die ökonomische Theorie, 2. Aufl., Metropolis, Marburg.

Böhm, St., 1993, Spontaneous Order, in: Hodgson, G. / Samuels, W. / Tool, M. (Eds.), erscheint in: Handbook of Evolutionary and Institutional Economics, Elgar, Aldershot.

Bonus, H., 1972, Über Schattenpreise von Umweltressourcen, in: Jahrbuch für Sozialwissenschaft 23, 342 – 354.

ders., 1979, Ein ökologischer Rahmen für die Soziale Marktwirtschaft, in: Wirtschaftsdienst 3, 141 ff.

Bosch, A. / Koslowski, P. / Veit, R. (Hrsg.), 1990, General Equilibrium or Market Process, Mohr, Tübingen.

Cassel, D. / Ramb, B.-T. / Thieme, H. J. (Hrsg.), 1988, Ordnungspolitik, Vahlen, München.

Coase, R. H., 1937, The Nature of the Firm, in : Economica 4, 386 – 405.

ders., 1960, The Problem of Social Cost, in: Journal of Law and Economics 3, 1 – 44.

Dahlmann, C. J., 1979, The problem of externality, in: Journal of Law and Economics 22, 141 – 162.

Dales, J. H., 1970, Pollution, property and prices. An essay in policy-making and economics, University of Toronto Press, Toronto.

Debreu, G., 1959, Theory of Value, Wiley, New York.

Demsetz, H., 1967, Toward a Theory of Property Rights, in: American Economic Review 57, 347 – 359.

Dietz, F. / Straaten, J. v., 1992^2, Umweltökonomie auf dem Prüfstand: das fehlende Glied zwischen ökonomischer Theorie und Umweltpolitik, in: Beckenbach, F. (Hrsg.), 1991, 1992^2, Die ökologische Herausforderung für die ökonomische Theorie, Metropolis, Marburg, 241 – 256.

Eucken, W., 1952, Grundsätze der Wirtschaftspolitik, hrsg. v. Eucken, E. / Hensel, K. P., Francke / Mohr, Bern / Tübingen.
Farmer, K., 1991, Wirtschaft und Umwelt aus ökonomisch-biblischer Sicht, Dr. Schnider Verlags-Atelier, Graz / Budapest.
Farrel, J., 1987, Information and the Coase Theorem, in: Journal of Economic Perspectives 1, 113 – 139.
Gray, J., 1986, Hayek on Liberty, 2nd ed., Blackwell, Oxford.
Hayek, F. A. v., 1949, The Use of Knowledge in Society, in: Hayek, F. A. v., 1949, Individualism and Economic Order, Routledge & Kegan, London, 77 – 91.
ders., 1949, Individualism and Economic Order, Routledge & Kegan, London.
ders., 1963, Arten der Ordnung, in: ORDO 14, 3 – 20.
ders., 1967, Notes on the evolution of systems of rules and conduct, in: Hayek, F. A., 1967, Studies in philosophy, politics, and economics, Kegan, London, 66 – 81.
ders., 1967, Studies in philosophy, politics, and economics, Kegan, London.
ders., 1969, Freiburger Studien, Mohr, Tübingen.
ders., 1971, Die Verfassung der Freiheit, Mohr, Tübingen.
ders., 1980, Recht, Gesetzgebung und Freiheit, Bd. 1: Regeln und Ordnung, Verlag Moderne Industrie, München.
Helmstädter, E. (Hrsg.), 1978, Neuere Entwicklungen in den Wirtschaftswissenschaften, Duncker-Humblot, Berlin.
Hempelmann, H., 1980, Kritischer Rationalismus und Theologie als Wissenschaft, T.V.G. Brockhaus, Wuppertal.
Herder-Dornreich, P., 1989, Ordnungstheorie – Ordnungspolitik – Ordnungsethik, in: Jahrbuch für Neue Politische Ökonomie 8, Mohr, Tübingen, 3 – 13.
Hicks, J. R., 1946^2, Value and Capital, Clarendon Press, Oxford.
Hoppmann, E., 1972, Fusionskontrolle, Mohr, Tübingen.
Kirchgässner, G., 1988, Wirtschaftspolitik und Politiksystem: Zur Kritik der traditionellen Ordnungstheorie aus der Sicht der Neuen Politischen Ökonomie, in: Cassel, D. / Ramb, B.-T. / Thieme, H. J. (Hrsg.), 1988, Ordnungspolitik, Vahlen, München, 53 – 76.
Kirzner, I. M., 1973, Competition and Entrepreneuership, Chicago U. P., Chicago.
ders., 1979, Perception, Opportunity and Profit: Studies in the Theory of Entrepreneurship, Chicago U. P., Chicago.
ders., 1985, Discovery, Capitalism and Distributive Justice, Basil Blackwell, Oxford.
ders., 1992, The meaning of the market process, Routledge, London / New York.
Kunz, H., 1985, Marktsystem und Information, Mohr, Tübingen.
Langlois, R. (ed.), 1986, Economics as a Process, C. U. P., Cambridge.
Neyman, J. (ed.), 1951, Proceedings of the Second Berkeley Symposium

on Mathematical Statistics and Probability, University of California Press, Berkeley.

North, D. C., 1986, The New Institutional Economics, in: Journal of Institutional and Theoretical Economics 142, 230 – 237.

Padberg, L. v., 1982, Weltverbesserung oder Weltverantwortung, Born, Kassel.

Pareto, V., 1909, Manuel d' économie politique, Girard & Briere, Paris.

Perrings, C., 1987, Economy and Environment, C. U. P., Cambridge.

Pethig, R., 1978, Das Freifahrerproblem in der Theorie öffentlicher Güter, in: Helmstädter, E. (Hrsg.), 1978, Neuere Entwicklungen in den Wirtschaftswissenschaften, Duncker-Humblot, Berlin.

Pigou, A. C., 1920, 1962[4], The Economics of Welfare, 4th ed., MacMillan, London.

Polanyi, M., 1951, The Logic of Liberty: Reflections and Rejoinders, Chicago U. P., Chicago.

Rasmusen, E., 1989, Games and Information (An introduction to game theory), O. U. P., Oxford.

Richter, R., 1990, Sichtweise und Fragestellungen der Neuen Institutionenökonomik, in: Zeitschrift für Wirtschafts- und Sozialwissenschaften 110, 571 – 591.

Riegler, J. (Hrsg.), 1990, Antworten für die Zukunft: Ökosoziale Marktwirtschaft, Verlag für Geschichte und Politik, Wien.

Roth, A.E. (ed.), 1985, Game theoretic models of bargaining, C. U. P., Cambridge.

Sälter, P. M., 1989, Externe Effekte: „Marktversagen" oder Systemmerkmal?, Physika Verlag, Heidelberg.

Samuelson, P. A., 1947, Foundations of Economic Analysis, Harvard University Press, Cambridge, Mass.

ders., 1954, The Pure Theory of Public Expenditure, in: Review of Economics and Statistics 36, 387 – 389.

Samuelson, W., 1985, A comment on the Coase Theorem, in: Roth, A.E. (Ed.), 1985, Game theoretic models of bargaining, Cambridge University Press, Cambridge.

Sanderson, St. K., 1990, Social Evolutionism (A critical history), Blackwell, Oxford.

Schenk, K.-E., 1992, Die neue Institutionenökonomie – Ein Überblick über wichtige Elemente und Probleme der Weiterentwicklung, in: Zeitschrift für Wirtschafts- und Sozialwissenschaften 112, 337 – 378.

Schmidtchen, D., 1990, Neoclassical and Austrian Theory of Economic Policy: Differences in Constitutional Policies, in: Bosch, A. / Koslowski, P. / Veit, R. (Hrsg.), 1990, General Equilibrium or Market Process, Mohr, Tübingen, 123 – 144.

Schmitz, W., 1988, Die ethische Fundierung der Ordnungspolitik, in: Wirtschaftspolitische Blätter 2, 288 ff.

Schotter, A., 1986, The Evolution of Rules, in: Langlois, R. (ed.), 1986, Economics as a Process, C. U. P., Cambridge, 117 – 132.

Schumpeter, J. A., 1926, Theorie der wirtschaftlichen Entwicklung, Duncker-Humblot, Leipzig.
Siebert, M., 1992, Economics of the Environment, 3. Aufl., Springer, Heidelberg et. al.
Stiglitz, J. E., 1987, The causes and consequences of the dependence of quality on price, in: Journal of Economic Literature 25, 1 – 48.
Streit, M. E. / Oberender, P., 1989, Soziale und ökologische Ordnungspolitik, Nomos, Baden-Baden.
Ströbele, W., 1992^2, Externe Effekte als Begründung von Umweltökonomik und -politik, in: Beckenbach, F. (Hrsg.), 1991, 1992^2, Die ökologische Herausforderung für die ökonomische Theorie, Metropolis, Marburg, 111 – 125.
Thomsen, E. F., 1992, Prices and knowledge (A market-process perspective), Routledge, London.
Thielicke, H., 1958, Theologische Ethik, Bd. II, 2. Teil, Ethik des Politischen, Mohr, Tübingen.
Walras, L., 1874 (1954), Elements of Pure Economics, Irwin, Homewood.
Wegehenkel, L., 1980a, Coase-Theorem und Marktsystem, Walter Eucken Institut, Vorträge und Aufsätze 15, Mohr, Tübingen.
ders., 1980b, Transaktionskosten, Wirtschaftssystem und Unternehmertum, Walter Eucken Institut, Vorträge und Aufsätze 74, Mohr, Tübingen.
ders., 1981, Marktsystem und exklusive Verfügungsrechte an Umwelt, in: ders. (Hrsg.), 1981, Marktwirtschaft und Umwelt, Mohr, Tübingen, 236 – 270.
ders. (Hrsg.), 1981, Marktwirtschaft und Umwelt, Mohr, Tübingen.
Weimann, J., 1992^2, Umweltökonomik und Spieltheorie, in: Beckenbach, F. (Hrsg.), 1991, 1992^2, Die ökologische Herausforderung für die ökonomische Theorie, Metropolis, Marburg, 265 – 279.
Wicke, L., 1989, Umweltökonomie, 2. Aufl., Vahlen, München.

Fußnoten

1 Der Verfasser widmet diese Arbeit seinem akademischen Lehrer, Herrn Dr. Helmut Kuhn, Professor für theoretische Wirtschaftspolitik am Volkswirtschaftlichen Seminar der Universität Göttingen, zum 60. Geburtstag mit herzlichen Glück- und Segenswünschen.
Für die konstruktive Kritik einer Erstversion möchte ich meiner Kollegin Mag. Ingeborg Stadler und meinem Kollegen Mag. Karl Steininger herzlich danken. Alle Mängel und Fehler gehen jedoch allein zu meinen Lasten.

2 So z.B. der bekannte Umwelt- und Ressourcenökonom T. Tietenberg.

3 Vgl. Anderson / Leal, 1991, chap. 11.

4 So z.B. Herder-Dornreich, 1989, 6 oder Schmitz, 1988.

5 Kirchgässner, 1988, 73.

6 Herder-Dornreich, 1989, 5.

7 Diese Bezeichnung wurde in Anlehnung an den Titel eines Sammelbandes gewählt, den Streit / Oberender (1989) herausgegeben haben.

8 Neuere Überblicke über den „Neo-Institutionalismus" findet man bei Richter, 1990 und bei Schenk, 1992.

9 Kunz, 1985, 16.

10 Diese völlig ungebräuchliche Bezeichnung wird in dieser Arbeit gewählt, um die Gruppe von Wirtschaftstheoretikern, die aus den sog. Neo-Österreichern in Amerika (wie I. Kirzner oder M. Rothbard) und deutschsprachigen Koordinations- und Evolutionstheoretikern (wie z.B. Hoppmann, J. Röpke) besteht, auf Menger, v. Mises und v. Hayek rekurriert und für das Thema dieser Arbeit wichtig ist, von den auf Böhm-Bawerk aufbauenden und als „Neo-Österreicher" bezeichnenden Kapitaltheoretikern wie Hicks, Faber u.a. zu unterscheiden.

11 Schmidtchen, 1990, 124: „eine Art von Steuerung der Gesellschaft durch Beeinflussung von sozialen Institutionen mit dem Ziel, notwendige und hinreichende Bedingungen für das spontane Entstehen einer Handelnsordnung zu schaffen" (meine freie Übersetzung, K.F.).

12 Schotter, 1986, 119: „Anzahl abstrakter Regeln, die das Verhalten der Wirtschaftseinheiten beschränken und verhaltensabhängige Belohnungen für die Wirtschaftseinheiten definieren" (meine freie Übersetzung, K.F.).

13 North, 1986, 231: „Institutionen sind Regelmäßigkeiten in Interaktionen zwischen Individuen mit Wiederholungscharakter. Sie stellen einen Rahmen dar, in dem die Leute mit berechtigtem Vertrauen bestimmte Ergebnisse (der sozialen Interaktion) erwarten dürfen" (meine freie Übersetzung, K.F.).

14 Hayek, 1980, 164 – 166.
15 Hayek, 1969, 97.
16 Hayek, 1963, 6.
17 Hayek, 1963, 10.
18 ebenda.
19 Eine Regel (Norm) ist allgemein, wenn sie auf alle Normadressaten gleich anwendbar ist. Sie ist abstrakt, wenn ihre Ausformulierung keine partikulären Umstände für ihre Anwendbarkeit und keine konkreten Handelnsziele enthält. Sie ist gewiß, wenn die Handlungen, die sie verbietet, von Umständen abhängen, die die Betroffenen wissen können. Vgl. genauer Hayek, 1971, 178 – 194 sowie Hoppmann, 1972, 68 – 69.
20 ebenda, 13.
21 Das wären primär Normen des Privatrechts und des Strafrechts, nur sekundär öffentlich-rechtliche Normen. Daß gerade im Bereich des Umweltschutzrechtes die Reihenfolge gerade umgekehrt ist, ist einerseits (traurige) Wahrheit, andererseits ein Hinweis darauf, wie wenig die bisher praktizierte Umweltpolitik dem in der Arbeitsdefinition angesprochenen Inhalt von ökologischer Ordnungspolitik entspricht.
22 Umweltprogramm der deutschen Bundesregierung 1971, 15–17.
23 ebenda.
24 Hayek, 1949, 77: „Das eigentliche Problem einer rationalen Ordnung wirtschaftlichen Handelns besteht darin, daß das Wissen über die Rahmenbedingungen, das wir [im Zuge unserer Entscheidungen] nutzen müssen, nie in integrierter und konsistenter Form existiert, sondern nur als verstreute Bruchstücke unvollständigen und häufig widersprüchlichen Wissens, das die einzelnen Individuen besitzen" (meine freie Übersetzung, K.F.).
25 Böhm, 1993, 7 in Anlehnung an Gray, 1966, 33–34: „unser Wissen über die soziale Welt hauptsächlich in Praktiken und Fertigkeiten und nicht in Theorien verkörpert ist, und daß ein Großteil dieses Praxiswissens nicht artikuliert und kommuniziert werden kann" (meine freie Übersetzung, K.F.).
26 Hayek, 1963, 9.
27 Thomsen, 1992, 52: „die Individuen in der Lage sind, zunehmend richtige Erwartungen der Pläne der anderen zu bilden" (meine freie Übersetzung, K.F.).
28 Farmer, 1991, 6.
29 Vgl. den Beitrag von S. Brohl in diesem Band.
30 Vgl. Hicks, 1946^2 und Samuelson, 1947.
31 Wicke, 1989^2, 28 ff.
32 Für einen Überblick lese man Stiglitz, 1987.
33 Eine ausgezeichnete Einführung in die Spieltheorie bei unvollkommener Information gibt Rasmusen, 1989.
34 Dieses Nichtentstehen eines Marktes für Entschädigungszahlungen ist nur insofern „ökologisch" bedingt, als wegen der Diffusion der

punktuell eingetragenen Schadstoffe in den Umweltmedien die Kontraktpartner schwer zu identifizieren sind.

35 Pigou, 1920, 1962^{4}, 192: „Es ist offensichtlich, daß das Auseinanderklaffen von privatem und sozialem Nettoprodukt ... nicht ... durch eine Modifikation der Vertragsbeziehungen zwischen den Vertragspartnern geschlossen werden kann, weil diese Divergenz durch einen Nutzen oder Schaden bei anderen Personen als den Kontraktparteien bedingt ist. Es ist indes für den Staat möglich, wenn er es will, diese Abweichung in einem bestimmten Bereich durch ‚außerordentliche Förderungen' oder ‚außerordentliche Beschränkungen' in diesem Bereich zu beseitigen. Die am meisten offensichtliche Form solcher Förderungen oder Beschränkungen ist natürlich jene der Subventionen oder der Steuern" (meine freie Übersetzung, K.F.).

36 Bestehen kompliziertere externe Effekte als die im Beispiel erwähnten, dann wird die quantitative Abschätzung der externen Kostenverläufe zu einem praktisch oft unüberwindlichen Problem mit der Konsequenz, daß Umwelt-Abgabensätze nicht mehr an den externen Zusatzkosten, sondern an den Erfordernissen zur Finanzierung von (privaten und öffentlichen) Umweltschutzmaßnahmen, die die Einhaltung vorgegebener ökologischer Standards versprechen, orientiert. Vgl. zu den Erfahrungen in den Niederlanden auf dem Gebiete der Luftreinhaltung Dietz/v. Straaten, 1991, 1992^{2}, 248 ff.

37 Eine Pigou-Steuer stellt eine theoretische Begründung ökologischer Ordnungspolitik im oben definierten Sinne insoweit dar, als „the correction of a market failure is based on the manipulation of an institution: the pricing system" (Schmidtchen, 1990, 128).

38 Vgl. den ersten Satz des oben zitierten Abschnitt aus Pigous „Economics of Welfare".

39 Wegehenkel, 1980a, 27.

40 Sälter, 1989, 131.

41 Ströbele, 1991, 1992^{2}, 115 (Kursiv im Original, K. F.)

42 Vgl. Samuelson, W., 1985.

43 Weimann, 1991, 1992^{2}, 268.

44 Die folgende Darstellung ist eng an Weimann, 1991, 1992^{2}, 271 ff. angelehnt.

45 Vgl. Pethig, 1978.

46 ebenda, 273.

47 Das Konzept der Emissionslizenzen (Verschmutzungsrechte) stammt von Dales, 1970 und wurde in Deutschland von Bonus (1972), in Österreich von Andreae (1971) popularisiert.

48 Vgl. zum folgenden Anderson / Leal, 1991, chap. 2.

49 Wegehenkel, 1980b, 13

50 ebenda, 14

51 Schmidtchen, 1990, 131: „Wenn es positive Transaktionskosten ex ante gibt, dann hat man es mit nicht genau spezifizierten Verträgen zu tun, und als Folge davon gibt es Schwierigkeiten, die Vertragseinhaltung

festzustellen, so daß ex post Transaktionskosten anfallen. Das alles steht im Widerspruch zur Idee eines wirtschaftlichen Gleichgewichts" (meine freie Übersetzung, K.F.).

52 Dahlman, 1979, 148: „Die Ursache aller Transaktionskosten ist unvollkommene Information" (meine freie Übersetzung, K.F.).

53 Kunz, 1985, 1.

54 Kirzner, 1992, 146: „Man sollte beachten, daß ... die Koordinationsleistungen eines Marktes (im Ungleichgewicht) auf der Wissensvermittlungsfunktion der Preise beruhen, aber in einem ganz anderen Sinn als Gleichgewichtspreise koordinieren durch die völlig korrekte Vermittlung von Wissen. ...Ungleichgewichtspreise können, wenn überhaupt, als koordinierend beschrieben werden in dem Sinn, daß sie findigen Marktteilnehmern offenbaren, inwiefern geänderte Entscheidungen ihrerseits (gegenüber jenen, die zum Entstehen der Ungleichgewichtspreise geführt haben) in der Zukunft vernünftiger wären...Die Information, die zu diesen ‚koordinierenden' Verhaltensänderungen anregt, ist tatsächlich Information, die durch die anfänglichen Struktur der Preise zur Verfügung gestellt wird, aber nur dadurch, daß Findige im aktuellen Marktgeschehen (an den Veränderungen in der eigenen Geldbörse) erfahren, daß diese anfänglichen Preise nicht jene Koordination bewerkstelligt haben, die Gleichgewichtspreise bewerkstelligen" (meine freie Übersetzung, K.F.).

55 Wegehenkel, 1980b, 25.

56 ebenda.

57 ebenda.

58 Kunz, 1985, 77

59 Sälter, 1989, 131.

60 ebenda, 77.

61 Wegehenkel, 1980b, 36.

62 ebenda.

63 Kunz, 1985, 79.

64 Wegehenkel, 1980b, 68.

65 Kunz, 1985, 132.

66 Hayek, 1969, 249.

67 Kunz, 1985, 128.

68 ebenda, 129.

69 ebenda, 130.

70 ebenda, 133.

71 Wegehenkel, 1980b, 72.

72 ebenda.

73 Wegehenkel, 1981, 248/249.

74 Der Grund für diese „einseitige" Darstellung ist einerseits die immer noch geringe Beachtung des koordinations-evolutionstheoretischen Ansatzes in der deutschsprachigen Lehrbuch-Umweltökonomik und andererseits das größere Potential dieses Denkansatzes, interessante Fragen (und Antworten) zu generieren. Dieses Forschungsprogramm

ist natürlich noch weit von der „Reife“ der gleichgewichts-allokationstheoretischen Forschungstradition entfernt.

75 Farmer, 1991, 7.

76 Hempelmann, 1980, 269 ff.

77 Farmer, 1991, 7.

78 Thielicke, 1958, 661 ff.

79 Die kritische Auseinandersetzung mit dem im Koordinations-Evolutionsansatz vorkommenden „sozialen Evolutionismus“ (Sanderson, 1990) ist eine Aufgabe, die u. a. bei der Jahrestagung der Studiengemeinschaft „Wort und Wissen“ und der „Gesellschaft für Wirtschaftwissenschaft und Ethik“ Ende Oktober 1993 zu leisten sein wird.

80 Vgl. v. Padberg, 1982.

WERNER LACHMANN, NÜRNBERG

Ökologische Probleme als globale Herausforderung

1. Einführung:

In Los Angeles, so sagt man, wird man morgens nicht mehr durch das Zwitschern der Vögel geweckt, sondern durch deren Husten. Ein Tag in New York City ist gleichbedeutend mit dem Rauchen von 3 Schachteln Zigaretten, nur billiger. Solche und ähnliche Worte sind Zeichen einer gewissen Verzweiflung und Resignation über die ökologische Entwicklung unserer Zeit. Die Menschheit steuert auf eine globale Umweltkrise hin, die sie kaum noch meistern kann.

Betrachtet man die steigende Umweltbelastung, kann einem angst und bange werden. Die Medien sind voll von Meldungen über eine mögliche Klimakatastrophe, den Problemen des Ozonlochs, der Überstädterung und Überbevölkerung. Wir stehen in allen Ländern vor einem gewaltigen Abfallbeseitigungsproblem. Schwierigkeiten ergaben sich vor kurzem durch den Importstopp der Franzosen für Müll aus Baden-Württemberg, wodurch Heidelberg nur noch für eine Woche den Hausmüll entsorgen konnte.

Trotz Hungerkatastrophen im Sahel-Gebiet, Chemieunglücken wie in Bhophal, Basel oder bei Hoechst, der immer wieder beklagten Ressourcenzerstörung durch die wirtschaftliche Entwicklung, der Abholzung der tropischen Regenwälder, ist der Umweltbereich weder in die entwicklungspolitischen Überlegungen noch in die wirtschaftspolitischen Lehrbücher voll integriert worden.

In letzter Zeit allerdings mehren sich auch in der wissenschaftlichen Literatur die Fachzeitschriften, die sich mit dem Problem der Umwelt und der wirtschaftlichen Entwicklung beschäftigen.[1] Auch die Konferenz in Rio hat das Umweltproblem für die Dritte Welt in den Vordergrund gesetzt. Der erste Bericht des Club of Rome hat, wenn auch in dilettantischer Weise, auf das Umweltproblem hingewiesen. Große Impulse gingen auch vom Bericht des Präsidenten der USA mit dem Titel „Global 2000" aus.[2]

Die ökologische Bewegung hat erreicht, daß Politiker und Bürger auf die Umweltzeitbombe aufmerksam geworden sind. Für die Entwicklungshilfe werden Umweltverträglichkeitsprüfungen bei den Projekten durchgeführt. Von verschiedenen Gruppen wird ein Wachstumsverzicht gefordert, um die Umwelt zu schonen. Daly hat ein „Unmöglichkeitspostulat" formuliert, in welchem er darlegt, daß es für die Entwicklungsländer unmöglich ist, das gleiche Wohlfahrtsniveau der Industriestaaten zu erreichen. Staaten der Dritten Welt dagegen lehnen einen Wachstumsverzicht vehement ab. Weil sie arm sind, so sagen sie, benötigen sie Wachstum – notfalls auch zu Lasten der Umwelt.

Der Verlust an tropischen Wäldern in den Entwicklungsregionen hat bedrohliche Ausmaße angenommen. Das Wachstum der Weltbevölkerung mit steigendem Wohlstand und zunehmendem Energieverbrauch zeigt, daß es auf der Ökologie-Uhr fünf Minuten vor zwölf steht. Die Bevölkerung ist hellhörig geworden, die Probleme der Umweltgefährdung sind seit einiger Zeit auch zu einem politischen Thema geworden. Wenn auch nur zaghaft, so hat man seit 1971 Maßnahmen ergriffen, um der Umweltverschmutzung zu Leibe zu rücken.

Oft ist davon die Rede, daß Armut das größte Umweltproblem sci. Global gesehen sind wenige Fortschritte im Bereich der Umwelt zu vermelden. Insbesondere die Staaten der Dritten

Welt forcieren ihren Entwicklungsprozeß meist zu Lasten der Umwelt. Gibt es einen Ausweg? Was sind die Ursachen der Umweltzerstörung? Was ist die Verantwortung von Industrie- und Entwicklungsländern? Wie läßt sich eine Dauerhaftigkeit der wirtschaftlichen Entwicklung erreichen? Welche Rolle spielt die Ethik und wie müßte eine wirksame Umweltschutzpolitik formuliert werden? Damit müssen wir uns beschäftigen. Doch zuvor einige Fakten zum Umweltproblem.

2. Einige ökologische Fakten

Im Jahre 2025 werden wir, bei einem Wachstum des Bruttosozialprodukts von um 2 % jährlich, im Durchschnitt alle doppelt so reich sein wie heute. Zum Bruttosozialprodukt wird auch der Bruttosozialabfall gestiegen sein. Jeder Bundesbürger braucht jährlich allein 300 Blechdosen. Wohin mit dem Abfall? Probleme ökologischer Art sind vorgezeichnet, wenn nicht ernsthaft etwas unternommen wird.

Im Weltmodell der US-Regierung (Global 2000) werden im Umweltkapitel Bevölkerungsprognosen, Bruttosozialproduktprognosen, Klimaveränderungsprognosen, Technologieprognosen, Nahrungsmittel- und Landwirtschaftsprognosen, solche für die maritime Umwelt, Wälder und das Forstwesen sowie Wasser- und Energieprognosen abgegeben. In allen diesen Sektoren liegen globale Gefahren.

So nimmt die Luftverschmutzung in den meisten Städten gewaltig zu, insbesondere in solchen mit niedrigem Einkommen. Die Tagesmittelwerte in ppm von Kohlenmonoxid lagen in Ibadan (Nigeria) bei 10,6, in Caracas (Venezuela) zwischen 25 und 30, in Bangkok (Thailand) zwischen 14 und 32 und in Sao Paulo (Brasilien) zwischen 12 und 13,5 – wobei die WHO den Grenzwert mit 8,6 beziffert. Die Jahresmittelwerte in mg/m^3 an Schwefeldioxid lagen in Ibadan bei 263, in Ankara bei 230, in Seoul bei 470, in Sao Paulo bei 133 und in Mexiko City zwischen 100 und 200 bei einem von der WHO festgelegtem

Grenzwert von 60.[3] Generell muß beim Umweltproblem zwischen den globalen und den lokalen Problemen unterschieden werden. Die großen Probleme des Ozonlochs, des Klimawandels, der nicht-regenerierbaren Ressourcen liegen anders als die örtlichen Umweltprobleme, wo es um Probleme der Wasserversorgung, der lokalen Entsorgung usw. geht.

Beim Umweltproblem ist auch auf Wasserverschmutzung und Wasserknappheit zu achten. Um die Trinkwasserversorgung der nächsten Generation sicherzustellen, müssen weltweit zusätzlich 3,7 Mrd. Menschen in Stadtgebieten und 1,2 Mrd. auf dem Land mit Trinkwasser versorgt werden. Heute haben ca. 1,5 Mrd. Stadtbewohner Zugang zum Trinkwasser. Diese Zahlen verdeutlichen: Umweltprobleme sind die globalen Herausforderungen für die heutige Menschheit.

Über 2 Mio. Sterbefälle und Milliarden Krankheitsfälle pro Jahr werden durch Wasserverschmutzung, mangelnde häusliche Hygiene und Gesundheitsrisiken infolge der Wasserknappheit herbeigeführt. So sinken die Erträge der Fischerei, die Erschöpfung von Grundwasservorkommen droht mit der Folge irreversibler Bodenverdichtung und der Gefahr beschränkter Wirtschaftsaktivitäten aufgrund fehlenden Wassers.[4]

Die Luftverschmutzung ruft akute und chronische Gesundheitsauswirkungen hervor. Der überhöhte Gehalt von Schwefelteilchen in der Stadtluft ist für 300000–700000 vorzeitige Sterbefälle und für chronischen Husten bei Kindern verantwortlich. 400–700 Millionen Menschen, hauptsächlich Frauen und Kinder in den armen ländlichen Regionen, sind durch Rauch in der Raumluft belastet. Die Auswirkungen des sauren Regens auf Wälder und Gewässer sind auch in Deutschland bekannt.

Dazu kommt die Verbreitung von Krankheiten durch verrotteten Müll und verstopfte Kanalisationssysteme. Risiken gefährlicher Abfälle sind allerdings typischerweise nur örtlich begrenzt und führen zur Verschmutzung des Grundwassers. Die Bodenverschlechterung führt zu einem reduzierten Ernährungsangebot für arme Bauern auf erschöpften Böden und zu einer größeren Anfälligkeit bei Dürren und Wetterbeeinträchtigungen.

Entwaldung führt zu örtlichen Überschwemmungen, Verlust des nachhaltigen Einschlagpotentials sowie des Erosionsschutzes. Die Kohlendioxidbindung durch die Wälder und die Stabilität von Wassereinzugsgebieten ist durch die Entwaldung gefährdet.

Zu nennen ist noch der Verlust an Artenvielfalt, der insbesondere in tropischen Regenwäldern zu einem möglichen Verlust von auf solchen Pflanzen basierenden Medikamenten führt und die Anpassungsmöglichkeit von Ökosystemen reduziert.

Es wird behauptet, daß erwartete Veränderungen der Erdatmosphäre zur Verlagerung von Krankheiten führen. Die Risiken von klimabedingten Naturkatastrophen sollen nicht gering eingeschätzt werden. 300000 zusätzliche Erkrankungen von Hautkrebs und 1,7 Mill. Fälle von grauem Star sollen durch Ozonschwund bedingt sein. Schäden an Küstenbauten und steigender Meeresspiegel und regionale Veränderung der Produktivität der Landwirtschaft sind die Folgen. Die Probleme werden durch die Unterbrechung der maritimen Nahrungskette zusätzlich erschwert.

Alarmierend sind die Daten aus dem 3. Bericht der Enquete-Kommission des 11. Deutschen Bundestages „Vorsorge zum Schutz der Erdatmosphäre", die uns hellhörig machen müßten.[5] Hier werden Fragen, die im Bericht „Global 2000" aufgeworfen wurden, weitergeführt.

Bedenkt man, daß nur ein kleiner Teil der Weltbevölkerung den hohen Wohlstand genießt und für den größten Teil der Umweltverschmutzung verantwortlich ist, so stellt sich die Frage, was unternommen werden kann, um Leben auf der Erde auch noch für zukünftige Generationen zu ermöglichen. Der Weltentwicklungsbericht 1992 hat sich des Themas „Entwicklung und Umwelt" angenommen. Allerdings schlägt er optimistischere Töne an und meint, daß es bei rechtzeitiger Politikänderung möglich ist, die drohende ökologische Katastrophe zu vermeiden. Er zeigt auf, daß Wachstum, Entwicklung und verschärfter Schutz der Umwelt gleichzeitig möglich sein wird – vorausgesetzt, die richtigen Instrumente werden eingesetzt, wobei insbesondere die marktlichen Aspekte verstärkt werden sollen. So betont der Weltentwicklungsbericht, daß Umweltschutz nicht gegen den Markt, sondern nur mit der Wirtschaft und dem Marktmechanismus möglich ist.

3. Die Dauerhaftigkeit der Entwicklung (sustainability)

Der Begriff „sustainable development" wurde von der World Commission on Environment and Development, der sogenannten Brundtland-Kommission, in ihren wegweisenden Bericht für 1987 mit dem Titel „Our common future" bekanntgemacht.[6] Die Brundtland-Kommission definiert den Begriff sustainability, der in der deutschen Literatur oft als „nachhaltige Entwicklung" oder „dauerhafte Entwicklung" übersetzt wird, als folgende Maxime:

„Wirtschafte so, daß die Bedürfnisse der Menschen heute befriedigt werden können und zugleich die Grundlagen des Wirtschaftens für kommende Generationen erhalten bleiben."

Die Brundtland-Kommission definiert: „Den Bedarf der heutigen Generation decken, ohne den Bedarf künftiger Generationen zu gefährden." Der Weltentwicklungsbericht 1992 umschreibt: „Nachhaltig ist jene Entwicklung, die von Dauer ist" (S. 44).

Schwierigkeiten ergeben sich hierbei, da die Brundtland-Kommission betont, daß auch die Deckung des Bedarfs der Armen in dieser Generation ein unverzichtbares Element nachhaltiger Bedarfsdeckung künftiger Generationen darstellen. Entwicklungspolitik und sachgerechter Umweltschutz müssen prinzipiell nicht im Widerspruch zueinander stehen. Beide müssen auf die Steigerung der Wohlfahrt abzielen.

Eine Präzisierung der globalen Zielsetzung der nachhaltigen Entwicklung ist jedoch schwierig. Das Schlagwort hat sich als nützlich erwiesen, da die Aufmerksamkeit auf die Notwendigkeit des Erhalts des Umweltkapitals gelenkt wurde, wobei die Problemkreise unterschiedlich geartet sind.

Die Einbeziehung zukünftiger Generationen in die wirtschaftspolitische Zielsetzung einer Gesellschaft bedeutet, daß über

- regenerierbare Energien und Rohstoffe,
- nicht-regenerierbare Energien und Rohstoffe,
- die Verschmutzung der Umwelt, die teilweise rückführbar und teilweise kaum rückführbar ist,

entschieden werden muß. Der Grad der Rückführbarkeit hängt von den dafür aufgewendeten Ressourcen ab, da die Natur ihre assimilierende Kapazität nicht kostenlos zur Verfügung stellt.

Bei den Umweltproblemen ist zwischen den Umweltproblemen im kleinen und denen im großen zu unterscheiden. Die Industriestaaten sind beunruhigt über die Umweltprobleme im großen, das Ozonloch, den Energieverbrauch mit den Aufwärmeffekten und die mögliche Klimakatastrophe, den Verlust der stabilisierenden tropischen Regenwälder usw. Sie werden hiervon betroffen, während das Umweltproblem im kleinen meist die Entwicklungsländer angeht. Hierbei geht es um die Verbesserung der Situation der Armen, um sanitäre Einrichtungen, die Zur-Verfügung-Stellung von frischem Wasser, den Aufbau der Infrastruktur, insbesondere von Gesundheitsdiensten, den Aufbau eines Bildungssystems usw. Auch die Abfallbeseitigung im regionalen und örtlichen Rahmen ist ein Problem des Umweltschutzes im kleinen, das alle Entwicklungsländer betrifft, und das zu einem großen Teil von den Industriestaaten schon bewältigt wurde. Demzufolge gewichten sie diese Probleme bei ihren wirtschaftspolitischen Aufgaben weniger stark, ist deren Aktualität geringer.

Die drohende Migration der Menschen, die in verheerenden wirtschaftlichen und gesellschaftlichen Verhältnissen leben, wird auch den Wohlstand der Industriestaaten beeinflussen.[7] Aus Eigeninteresse heraus müßten daher die Industriestaaten den Ländern der Dritten Welt helfen, ihre Umweltprobleme in den Griff zu bekommen. Sie müßten sich, allein aus Gründen des Gemeinlastprinzips, an den Kosten der Verbesserung der Umwelt beteiligen, da sie zum Teil auch deren Nutznießer sind.

Hingewiesen werden muß darauf, daß die Umweltschutzmaßnahmen selbst nur im nationalen Kontext durchgeführt werden können und damit eine weltweite Kooperation und Harmonisierung der Umweltpolitik notwendig ist. Bei vielen globalen Umweltschutzproblemen hat es keinen Zweck, wenn ein Land im Alleingang versucht, Umweltprobleme zu lösen, wenn weltweit die eingesparten Ressourcen durch andere Länder in einem verstärkten Maße zur wirtschaftlichen Entwicklung genutzt werden. Es muß deutlich werden, daß es im Interesse aller beteiligten Länder liegt, das Umweltproblem energisch anzugehen.

4. Die Notwendigkeit adäquater Ursachenerklärungen

Bei aller Wichtigkeit des Umweltproblems darf man nicht in eine konzeptionslose Hektik verfallen. Wirtschaftspolitische Maßnahmen zur Überwindung der Umweltmisere können nur dann Erfolg haben, wenn sie ursachenadäquat sind. Auch die vorgeschlagenen Maßnahmen sind nur dann erfolgreich, wenn sie auf die Ursachen eingehen und möglichst der Natur der Menschen entsprechen.

Oft wird, meist unreflektiert und wenig differenziert, der Wirtschaft und ihrem Wachstum die Schuld zugewiesen, Industrieländer geben eine Retourkutsche, indem sie auf das Bevölkerungsproblem in der Dritten Welt hinweisen. Der Weltentwicklungsbericht – häufig auch Vertreter der Industrie – weist darauf hin, daß Wachstum notwendig ist, um Umweltschutzmaßnahmen durchführen zu können.

Das Wachstum ist nicht die direkte Ursache des Umweltproblems in dieser Welt. Werden jedoch die institutionellen Regeln nicht geändert und keine besonderen Maßnahmen getroffen, wird das Wachstum, wenn es in der gleichen Struktur und Art geschieht wie bisher, das Umweltproblem verstärken.

Nicht das Wachstum als solches ist umweltgefährdend, sondern die Struktur des Wachstums, die Art des Wachstums. Von daher muß eine andere Qualität des Wachstums gefordert werden: Ein Strukturwandel bei Konsum und Produktion muß angestrebt werden, so daß umweltfreundliche Güter umweltfreundlicher hergestellt werden und Verbraucher diese umweltfreundlicheren Güter kaufen.

Ein hohes Wachstum schafft Mittel, die für den Umweltschutz eingesetzt werden können. Die ärmeren Länder leiden in einem viel stärkeren Maße unter dem Umweltproblem als die wohlhabenden. Verwiesen sei auf die Länder des ehemaligen sozialistischen Machtbereichs, die ärmer waren und in einem viel höheren Maße mit Umweltproblemen konfrontiert sind, obwohl bei ihnen theoretisch die Planungskapazitäten und Kontrollen der Regierungen vorhanden waren, eine viel größere Möglichkeit bestanden hätte, Umweltprobleme in ihre nationalen Wirtschaftspläne aufzunehmen. Auch die Entwicklungsländer haben als arme Länder mit enormen Umweltproblemen zu kämpfen. Sie verweisen auf ihre Armut, Umweltprobleme seien Zeichen der Armut!

Maßnahmen für den Umweltschutz gehen nach zur Zeit gültigen Berechnungen des Bruttosozialprodukts in das Wachstum und den Wohlstand einer Bevölkerung ein. Ausgaben für den Umweltschutz müßten als Vorleistungen erfaßt werden und von der Bruttowertschöpfung abgezogen werden. Der Weltentwicklungsbericht 1992 betont die Notwendigkeit des Wachstums und die Vereinbarkeit von Wachstum und Umweltschutzverbesserungen.

Auch das Bevölkerungswachstum ist keine genuine Ursachenerklärung. Hier gilt gleiches wie beim Wachstum: Ein Wachstum der Bevölkerung ohne korrespondierende Umweltmaßnahmen, ohne eine Umorientierung in der Wirtschaftspolitik, wird zu einer Verschärfung des Umweltproblems führen.

Außerdem muß bei den Umweltmaßnahmen generell gefragt werden, welcher Aspekt des Umweltproblems aufgegriffen wird. Handelt es sich um den Energieverbrauch? Handelt es sich um den Verbrauch nicht-regenerierbarer Rohstoffe? In diesem Fall wird ein höheres Bevölkerungswachstum mit steigendem Wohlstand ein Problem für die begrenzten Ressourcen dieses Raumschiffs Erde bedeuten. Sollte das Wachstum jedoch dazu führen, daß die Produktivität der Energie und der Rohstoffe in einem höheren Maße zunehmen als das Wachstum des Volkseinkommens (die Nachfrageelastizitäten sind kleiner als eins), dann kann Wachstum umweltfreundlich gestaltet werden, dann wirkt auch Bevölkerungswachstum nicht umweltschädlich.

Summa summarum: Wachstum des Volkseinkommens und der Bevölkerung sind nicht die eigentliche Ursache für das Umweltproblem. Man muß sich nur die Erfahrungen des letzten Jahrhunderts vergegenwärtigen, um zu sehen, daß die enormen Steigerungsraten der Industrieproduktion, die die Industriestaaten während des letzten Jahrhunderts erfuhren, auch zu einer erheblichen Verbesserung des Lebensstandards beigetragen haben.

Luftverschmutzungen, wie der Smog in London oder im Ruhrgebiet, sind sehr stark reduziert worden, die Flüsse vieler Industrieländer sind erheblich sauberer als vor einhundert Jahren, die hygienischen Verhältnisse haben sich gewaltig gebessert. Man kann wohl zu Recht sagen, daß in den Industriestaaten, soweit es die allgemeinen Lebensumstände betrifft, Wachstum zu einer Verbesserung der Lebensqualität geführt hat. Der technische Fortschritt hat dies ermöglicht, er hat zwar neue Probleme aufgeworfen, aber auch als unüberwindbar erscheinende Probleme der Vergangenheit zu bewältigen geholfen. Auch die Überwindung des Hungers sind Folgen des technischen Fortschritts und des damit verbundenen Wachstums.

Wie schon erläutert, liegt die Ursachenerklärung ökonomisch tiefer. Externe Effekte, die Umwelt als öffentliches Gut, die Umwelt als freies Gut und damit die vernachlässigte Schaffung von Eigentumsrechten – sie alle haben zur Verschärfung des Umweltproblems beigetragen[8], es im Grunde genommen erst hervorgerufen.

Um das Umweltproblem in den Griff zu bekommen, stehen zwei Möglichkeiten zur Verfügung. Auf der einen Seite müssen die einzelnen Menschen sich mit dem Umweltproblem auseinandersetzen und lernen, verantwortlicher mit den knappen Ressourcen dieser Erde umzugehen. Umweltschutz ist daher auch eine Frage der Individualethik, der Tugend bzw. Tugendlehre. Auf der anderen Seite müssen auch die institutionellen Rahmen so gesetzt werden, daß die Eigeninteressen des Menschen mit den öffentlichen Interessen, den Gesamtinteressen der Bevölkerung, in Übereinstimmung gebracht werden. Mit anderen Worten: Statt einer verbesserten Tugend sollte auf verbesserte Regeln wert gelegt werden! Die Verschmutzer müssen nach dem Verursacherprinzip für die Kosten der Umweltnutzung voll zur Kasse gebeten werden. Ordnungspolitische Ansätze, wie die Zertifikatslösung, bieten sich an. Aber auch die Umweltethik ist in diesem Zusammenhang wichtig.

5. Tugendlehre versus vernünftige Regeln

Oft werden einzelne Gruppen in einer Gesellschaft, meist als Wirtschaft zusammengefaßt, für die Auswüchse der Umweltzerstörung verantwortlich gemacht. Es muß zugegeben werden, daß im wirtschaftlichen Bereich oft enorme kriminelle Energie entfaltet wird, um Umweltkosten zu vermeiden. Aber zu einem großen Teil weiß weder das Management der Firmen noch der einzelne Konsument, in welchem Maße er bei der Produktion oder dem Konsum einzelner Güter die Umwelt belastet. Es hat daher keinen Zweck, auf Tugend zu verweisen. Die gesellschaftlichen Kosten müssen zugänglich und transparent gemacht werden. Oft scheint man im Umweltbereich nur den Schuldigen zu suchen, aber nicht die Ursache!

Wenn ein Unternehmer bei der Verwendung eines Rohstoffes, beispielsweise der Energie, nicht abschätzen kann, was die wirklichen gesellschaftlichen Kosten des Verbrauchs dieser Ressource sind, kann man ihn nicht dafür haftbar machen, wenn er sich nicht gemäß den Regeln der Weltwohlfahrt verhält.

Marktwirtschaftliche Regeln bei der Nutzung der Umwelt sind in der Lage, eine größere Transparenz der Kosten zu gewährleisten. Wenn Eigentum an der Umwelt geschaffen würde, dann wäre es möglich, daß die marktliche Bewertung eher die tatsächliche Höhe der Weltgesamtkosten signalisiert als zur Zeit üblich. Es muß also Aufgabe des Staates sein, im Rahmen des Verursacherprinzips dem Nutzer die Gesamtkosten der Umweltnutzung aufzuladen.

Anders sieht es natürlich im Bereich der Wiederherstellung lebenswerter Voraussetzungen aus. Hier muß nach dem Gemeinlastprinzip verfahren werden, da die Umweltverschmutzung schon geschehen ist. Man muß also zwischen schon geschehener Umweltverschmutzung und zukünftiger Umweltnutzung unterscheiden. Die marktliche Lösung kann nur helfen, die zukünftige Umweltnutzung und -verschmutzung zu reduzieren, die Umwelt bestmöglich gesellschaftlich zu nutzen. Die Altlasten müssen nach anderen Prinzipien geregelt werden, wobei die Schwierigkeiten einer marktlichen Regelung für die marktliche Nutzung des knappen Faktors Umwelt nicht verschwiegen werden dürfen. Die Zurechnung der Nutzung ist nicht immer ganz einfach, außerdem bestehen Überwachungspobleme.

Institutionelle Regeln müssen gewährleisten, daß der einzelne Mensch auch mit den Umweltfolgen seines Handelns konfrontiert wird. Da Regeln nie absolut wirksam sind, ist es wichtig, daß auch im Bildungsbereich durch eine Verstärkung umweltethischer Bildung dafür gesorgt wird, daß bei Institutionenversagen nicht auch die Tugend des Individuums versagt, daß der Mensch nicht alle Schwachstellen institutioneller Regelungen ausnutzt, er sich also von sich aus auch umweltbewußter verhält und von seiner Regierung möglichst im demokratischen Prozeß eine verschärfte Umweltpolitik akzeptiert und sogar fordert.

Weltweit müßte auf die gemeinsame Verantwortung für

diese eine Erde hingewiesen werden. Institutionelle Regeln bedürfen einer Harmonisierung zwischen den einzelnen Staaten, einer Kooperation und Abstimmung. Wohlhabendere Länder können durch Entwicklungshilfemaßnahmen andere Länder dazu gewinnen, ebenfalls Umweltschutzmaßnahmen durchzuführen.

Oft sind die Industriestaaten Nutznießer bestimmter umweltpolitischer Maßnahmen, wie beispielsweise die Vermeidung der Abholzung tropischer Regenwälder usw., und müßten daher die Dritte Welt für ihre nationale Umweltpolitik kompensieren, wobei allerdings gesichert werden muß, daß die Umweltmaßnahmen auch national durchgesetzt werden.[9] Es muß gefragt werden, ob nicht der Schutz der Umwelt verstärkt auch eine Aufgabe der Vereinten Nationen sein soll, ob das Leben in einer gesunden Umwelt nicht zu einem Menschenrecht erklärt wird, das bei den Vereinten Nationen eingeklagt werden kann.

6. Probleme einer wirksamen Umweltpolitik

Wie schon erwähnt, hat der Weltentwicklungsbericht 1992 auf die Notwendigkeit des Einsatzes marktwirtschaftlicher Instrumente zum Umweltschutz hingewiesen. Hierbei ergeben sich jedoch die folgenden Probleme:[10]

(a) Marktwirtschaftliche Instrumente werden auch in Industriestaaten kaum eingesetzt.

Die Industrieländer sprechen sich im politischen Prozeß oft lauthals für den Einsatz marktwirtschaftlicher Instrumente für den Umweltschutz aus. Diese theoretisch richtige Vorgehensweise wird dadurch erschwert, daß kaum praktische Erfahrungen über die Anwendung marktwirtschaftlicher Instrumente im Umweltbereich in Industrieländern vorliegen. Die Handhabung solcher Instrumente steckt noch in den Kinderschuhen. Auch in Deutschland wird in großem Maße Umweltschutz nicht mit marktlichen, sondern mit administrativen Instrumenten durchgeführt. Man macht es sich zu leicht, der Dritten Welt Hinweise auf marktwirtschaftliche Instrumente zu geben, die sich im politischen Prozeß in den Industriestaaten nicht durchsetzen können.

(b) In der Dritten Welt finden wir kaum marktwirtschaftliche Systeme.

Trotz einer verbalen Rhetorik in Richtung marktwirtschaftliche Ordnungssysteme ist die Dritte Welt noch durch bürokratische Ordnungssysteme gekennzeichnet. Selbst Entwicklungsländer, die sich der Marktwirtschaft öffnen wollten, haben oft starke administrative Vorbehalte eingebaut, die die Einsatzmöglichkeiten marktwirtschaftlicher Instrumente für den Umweltschutz einengen.

(c) Im Umweltbereich ist die wissenschaftliche Diskussion über die Erfolgschancen marktwirtschaftlicher Instrumente noch nicht abgeschlossen.

Viele Ökonomen, beispielsweise der Sachverständigenrat zur Begutachtung der gesamtwirtschaftlichen Lage und die Weltbank, setzen sich für marktwirtschaftliche Instrumente im Umweltschutz ein. Im Umweltbereich gibt es jedoch in einem hohen Maße ein Marktversagen. In entwicklungspolitischen Publikationen zur Nachhaltigkeit bzw. Dauerhaftigkeit der wirtschaftlichen Entwicklung sind praktikable Instrumente für den Umweltschutz kaum entworfen worden. Der Umweltschutz darf nicht nur in eingesetzten Finanzmitteln berechnet werden, er muß insbesondere auf ordnungspolitisch ausgerichtete Regeln aus sein. Auch die Anzahl von Gesetzen, Dekreten und Durchführungsbestimmungen gibt keinen Hinweis auf eine effektive und praktizierte Umweltschutzpolitik.[11]

7. Forderungen an eine wirksame Umweltschutzpolitik

(a) Die Ökologieprobleme haben in Industriestaaten und Entwicklungsländern prinzipiell die gleichen Ursachen. Daher sind ordnungspolitische Ansätze zur Lösung des Ökologieproblems für beide Staatengruppen gleich nutzbar zu machen.

(b) Marktwirtschaftliche Instrumente zur Überwindung der Umweltkrise werden, generell gesehen, für alle Länder gleich sein müssen. Entwicklungsländer und Industriestaaten müssen, unter Kooperation ihrer Regierungen, zu einer Harmonisierung solcher Instrumente angehalten werden, wobei die nationale Durchsetzung natürlich den nationalen Eigenheiten anzupassen ist.

(c) Industrieländer und Entwicklungsländer stellen äußerst heterogene Blocks von Staaten dar. Mit unterschiedlichen Instrumenten und verschiedenartigen wirtschaftspolitischen Maßnahmen muß an die Bewältigung der ökonomischen und ökologischen Probleme herangegangen werden.

(d) Die praktischen Umweltprobleme sind ebenfalls heterogener Natur. Für jedes spezielle Umweltproblem müssen die Möglichkeiten der geeigneten Instrumente überprüft werden. Energieeinsparung erfordert andere Instrumente als die Beseitigung von Altlasten oder die Rückgängigmachung des Verbrauchs nicht-regenerierbarer Ressourcen. Von daher ist es schwierig, von globalen marktwirtschaftlichen Instrumenten zu sprechen. Für jeden der angeschnittenen Bereiche, dies global und lokal getrennt, müssen bestimmte marktwirtschaftliche Umweltschutzpolitiken diskutiert werden.

(e) Bei marktwirtschaftlichen Instrumenten handelt es sich um den ordnungspolitischen Einsatz von Instrumenten zur Überwindung der Ursachen der Umweltkrise. Marktwirtschaftliche Instrumente sollen die Motivationsstruktur der Handelnden über ökonomische Anreize beeinflussen, wobei auf die dezentrale Lenkung marktwirtschaftlicher Mechanismen vertraut wird. Allerdings beobachten wir in der Dritten Welt und in den Industriestaaten eine große Unsicherheit gegenüber der marktwirtschaftlichen Ordnung. Auch in den europäischen Industriestaaten entfernt sich die Politik immer stärker vom marktwirtschaftlichen Ansatz.

(f) Da Umweltmaßnahmen häufig erst nach Eintreten des Umweltschadens durchgeführt werden, ist es notwendig, eine äußerst effektive Umweltbehörde aufzubauen. Es würde sich anbieten, nach den Prinzipien ähnlich der unabhängigen Zentralbank, eine unabhängige Umweltbehörde einzurichten, die, ohne dem schwerfälligen politischen Prozeß zu unterliegen, schnell auf Umweltprobleme reagieren kann. Diese Bundesumweltbank müßte die notwendigen Instrumente zur Verfügung bekommen und auf die Erreichung des Umweltschutzziels verpflichtet sein.

(g) Der Umweltschutz ist eine globale Aufgabe geworden. Wo in der Dritten Welt keine Märkte etabliert werden können, soll überlegt werden, ob dafür in den Industriestaaten künstliche Märkte für bestimmte Ressourcen geschaffen werden, die dem umweltschädigenden Verhalten entgegenwirken. Durch hohe Abgaben oder künstliche Märkte müssen gefährdete Ressourcen teurer gemacht werden, so daß der Konsument die tatsächlichen weltgesellschaftlichen Kosten beim Konsum zu zahlen hat. Die dabei generierten Mittel sollten der Dritten Welt zur Überwindung ihrer Umweltaltlasten zur Verfügung gestellt werden.

(h) Auch im Rahmen der Entwicklungshilfe ist eine Verbesserung des Informationsflusses nötig, eine effektivere Umweltverträglichkeitsprüfung muß angestrebt werden. Diese Prüfung soll nicht nur bei den Konzeptionen der einzelnen Projekte, sondern auch bei der Beurteilung der globalen Wirtschaftsstrategie beachtet werden.

Maßnahmen des Marktes allein reichen nicht aus, so wenig wie Verordnungen und Dekrete helfen, wenn diese von den Menschen nicht akzeptiert und befolgt werden. Die Nichtbefolgung kann zweierlei Ursachen haben: Die absolute Armut (lieber heute überleben als sterben, aber dafür bessere Möglichkeit in der Zukunft gehabt zu haben) oder generelles Informationsdefizit. Das Bewußtsein in der Bevölkerung für Umweltschutzmaßnahmen muß gestärkt werden, wobei der Umweltethik eine wichtige Rolle zukommt.

Die Umweltethik kann dazu verhelfen, die Kaufkraftpräferenzen der Nachfrager so zu verändern, daß auch ohne eine gewaltige Erhöhung relativer Preise zu Lasten umweltschädlicher Güter mehr umweltfreundliche Produkte nachgefragt werden. Der politische Widerstand im Umweltschutz würde dann geringer ausfallen. Eine höhere Moral verhilft zusätzlich dazu, daß freiwillig Gebote und Verbote zum Schutz der Umwelt eingehalten werden. Das Gewissen der einzelnen muß geschärft werden, um den Menschen aus der Trittbrettfahrersituation in der Umweltproblematik herauszuhelfen. Haben Nachfrager ein verstärktes umweltpolitisches Bewußtsein, wird sich die Produktion überall in der Welt an die neuen Rahmenbedingungen anpassen.

Jeder einzelne ist gefordert, über den politischen Prozeß zu bewirken, daß die institutionellen Regelungen so geändert werden, daß Umweltschutz sich lohnt. In seinem persönlichen Verhalten sollte jeder, im Interesse seiner Kinder und Enkel, eine wirksamere Umweltschutzpolitik fordern. Beim ökologischen Problem handelt es sich nicht nur um eine globale, sondern auch um eine intergenerative Herausforderung!

1 Siehe den Überblick in Maureen L. CROPPER und Wallace E. OATES: Environmental Economics: A Survey, Journal of Economic Literature 30:2 (Juni 1992), S. 675 – 740.

2 Die deutsche Übersetzung erfolgte 1990 im Verlag 2001, Frankfurt. Auf 1500 Seiten wird die Umweltsituation der gesamten Welt geschildert.

3 Die Daten sind nicht ganz vergleichbar, da unterschiedliche Meßverfahren angewendet werden. Sie stammen aus: BMZ: Entwicklungspolitik, Materialien Nr. 77: Umwelt und Entwicklung, Bonn Juli 1987, S. 8.

4 Vgl. hierzu Weltbank: Weltentwicklungsbericht 1992: Entwicklung und Umwelt, Washington D.C. 1992, aus dem die meisten Zahlen entnommen wurden.

5 Vgl. Deutscher Bundestag: Schutz der Erde. Eine Bestandsaufnahme mit Vorschlägen zu einer neuen Energiepolitik, Bonn 1990 (Zur Sache 90/19, 2 Bände).

6 Deutsch: Unsere Gemeinsame Zukunft. Der Brundtland-Bericht der Weltkommission für Umwelt und Entwicklung, Volker HAUFF (Hg.), Greven 1987.

7 Hierin zeigt sich die Zeitbombe des Asylantenproblems. Die Industriestaaten können ihre Augen nicht mehr vor den Problemen der Dritten Welt und den drohenden Umweltfolgen verschließen. Entweder helfen wir der Dritten Welt, mit ihren wirtschaftlichen Problemen und Umweltressourcen fertig zu werden, oder die Menschen der Dritten Welt werden in Scharen in unser Land strömen, was als Beeinträchtigung des Wohlstandes aufgefaßt werden würde.

8 Vgl. hierzu auch Wirtschaft und Ethik. Maßstäbe wirtschaftlichen Handels. Neuhausen-Stuttgart, 2. Aufl. 1989, Kapitel 3.6 Marktgerechte Umweltschutzpolitik, S. 72 ff.

9 Vgl. dazu auch Torsten Amelung: Kompensationszahlungen für Entwicklungsländer beim Nutzungsverzicht auf natürliche Ressourcen, in: Hermann Sautter (Hrsg.), Entwicklung und Umwelt, Berlin 1992 (Schriften des Vereins für Socialpolitik, Bd. 215), S. 139 ff. sowie das Korreferat von Werner Lachmann, S. 163 ff.

10 Vgl. dazu Werner Lachmann, Marktwirtschaftliche Instrumente zur Überwindung der Umweltproblematik in der Dritten Welt, in: Burkhard Leben (Hrsg.): Entwicklungsländer zwischen Erfolg und Hoffnungslosigkeit, München 1990, S. 960 – 87.

11 In der politischen Diskussion wird die Bedeutung der Umwelt oft am Budget des Umweltministeriums gemessen bzw. an der Anzahl der Verordnungen und Gesetze, die im Umweltbereich erlassen werden. Dies steht in keiner Weise zu der wirklichen Effektivität der Umweltschutzpolitik.

WERNER LANZ, HANN.-MÜNDEN

Gedanken zur ökologischen Ethik

Auf dem Hintergrund der massiven Umweltschäden hat die Ökologie heute einen hohen Stellenwert erreicht. Die schwarzen Gewitterwolken ökologischer Bedrohung heißen bekanntlich: Luftverunreinigung, Wasserverschmutzung, Bodenversauerung, Temperaturerhöhung und Treibhauseffekt, Ozonschichtzerstörung, Bodenerosion, Waldsterben und letztlich die Bedrohung der Gesundheit und der Lebensmöglichkeiten für den Menschen. Prohibitive Gesetze und limitierende Verordnungen brachten bis heute keine entscheidenden Entlastungen bzw. Verbesserungen, ebensowenig wie nationale oder internationale Umweltkonferenzen. Auch gelegentliche „Reparaturen" an den Schadstellen der Umwelt halfen nicht.

Bisher war der Mensch nicht in der Lage, z.B. seinen Energieverbrauch wesentlich zu reduzieren und sein Verkehrsverhalten (Auto) zu ändern. In dieser Problematik ist der Mensch sowohl handelndes Subjekt als auch betroffenes Objekt, also sowohl „homo oeconomicus" als auch „homo oecologicus". Denn alles, was er in seinem Leben tut, geschieht in seinem Lebensgehäuse im Sinne des griechischen Wortes „oikia". Der Mensch selbst also verursacht die ihn bedrohenden ökologischen Probleme. Sein technischer Fortschritt, sein hoher Lebensstandard und seine gesamte zivilisatorische Entfaltung werden zu einem existentiellen Bedrohungspotential. Gleichzeitig soll der denkende Mensch aber auch seine Grenzen erkennen, seinen Lebensstandard hinterfragen, ja selbst die sittliche Basis seines Daseins. Die hier innewohnende Logik läßt erkennen, daß dem Menschen zu einem sinnerfüllten Leben heute die fundamentale Basis fehlt. Selbst Politiker möchten daher eine grundlegende Änderung herbeiführen, auf Parteikongressen proklamiert und durchaus ernst gemeint (Wende, Umdenken); aber auch wenn das wirklich gelingen würde – im Sinne einer Perestroika –, sind sie nicht in der Lage, den Kern zu verändern, nämlich den Menschen.

Andere, sicherlich auch Ökonomen, meinen, der wirtschaftende Mensch müßte ökologisch verantwortlich handeln. Es müßte eine „ökologische Ethik" geschaffen werden, die alles menschliche Wirtschaften und Handeln auf eine mögliche ökologische Schädlichkeit hin überprüft, bewertet und im Falle des Widerstrebens ahndet. Strengere Gesetze, Verordnungen und Auflagen des Staates müßten für Ordnung und Verbesserungen sorgen. Wenn auch das nichts bewirkt, sollte der Mensch notwendigerweise seine Verantwortung gegenüber der Natur erkennen und in einem höheren Maße als bisher auch wahrnehmen. Da aber die Ökologie eine anonyme Instanz ist, und der Staat nur begrenzte Regelmechanismen einsetzen und überwachen kann, braucht sich der Mensch vor niemandem direkt zu verantworten. Es sei denn, daß er sich eigene Verhaltensmaßstäbe auferlegt und versucht, sein Handeln daran auszurichten. Das aber kann nicht zur Norm oder zu einem Verhaltensprinzip für alle Menschen erhoben werden, z.B. im Sinne einer gesetzlichen Pflicht oder eines ökologisch geprägten kategorischen Imperativs.

Da das ökologische Bewußtsein heute sehr angemahnt und sensibilisiert wird, können Paradigmen wie *„Zurück zur Natur"* oder *„Einswerden mit der Natur"* durchaus dem nüchtern denkenden Menschen eingängig sein. Die daraus entwickelten Ideologien sind als Hilfsangebote für den Menschen nicht neu. Es wird empfohlen, der Mensch müsse sich mehr an die Natur anlehnen und letztlich „in Harmonie mit dem Unendlichen" leben. Dieses Denken, das in der Tradition des *Pantheismus* steht, hat zahlreiche geistesgeschichtliche Wurzeln. Das „Cogito ergo sum" von *René Descartes* hat dabei Pate gestanden und dem Menschen klargemacht, daß er durch sein Denken erst Realität und Selbstverständnis erhält. Philosophisch ausgebaut und vervollkommnet wurde diese Lehre des Pantheismus von *Baruch Spinoza,* der in seiner freigeistigen Philosophie zu der Erkenntnis gelangte: *„Gott und die Natur sind identisch"* (Deus sive natura). Er verkündete, *erst wenn man von seinem Ich sich löse, würde man sein ewiges Selbst wiederfinden.* Hierin steckt ein Kerngedanke der Selbsterlösung und der Ichfindung.

Auch in unserer klassischen Literatur finden solche Gedanken ihren Niederschlag, wie z.B. in Goethes „Faust", besonders im Teil II, und bei einigen Dichtern der Romantik. Einen Höhepunkt erreichte der Pantheismus aber erst durch den französischen Philosophen Jean Jacques Rousseau (1712–1778). Von ihm aus erging der Ruf durch ganz Europa: „Retour à la nature!"

Rousseau ging von einigen Voraussetzungen aus, die als falsche Ansätze zu Irrtümern und Verwirrungen mit ihren geistes- und kulturgeschichtlichen Folgen führten.
Er behauptete:

1. Der Mensch ist gut von Natur aus.
2. Die ungerechten Gesellschaftsstrukturen verderben den Menschen.
3. Der Mensch ist ein Teil der Natur, dem Gott innewohnt.

Durch diese Thesen wird der Mensch in den Mittelpunkt gerückt als das Maß aller Dinge. Ähnliche philosophische Lehren finden wir schon in den klassischen Philosophien der Antike, z.B. bei den Epikuräern. Besonders aufschlußreich in bezug auf die ökologische Ethik ist die These 3. Danach verkörpert sich Gott im Menschen und in allen Teilen der Natur, nach Leibniz in jeder „Monade", also auch in jedem Stein, Berg, Wasser, Baum, Tier, Sonne usw. Will man sich also Gott nähern, muß man sich der Natur nähern; dort ist Gott zu finden.

Diese Ansicht finden wir auch heute bei manchen modernen Menschen, die in der Natur Gott suchen. Der oberflächliche Friede in der Natur, die Stille und die Schönheit von Farbe und Form, das Geschaffene selbst werden als Gott verstanden und oft auch so verehrt und angebetet. Dabei unterliegt man dem Grundirrtum, daß Schöpfer und Geschöpf verwechselt werden. Es werden Seele und Geist, Gefühl und Glaube gleichgesetzt und die Schöpfung als das Werk Gottes für den Schöpfer selbst gehalten. Selbstverständlich kann man durch das Werk eines Meisters eine Vorstellung erlangen von seinem Können, seiner Genialität oder seinen geistigen Kräften. Doch den Meister selbst erfassen wir in seinen Werken nicht, weil er sich darin eben nicht personifiziert. So ist vergleichsweise die 9. Symphonie von Beethoven ein herrliches Werk dieses Musikers, aber wer würde wohl behaupten, diese Symphonie sei ein Stück der Person Beethovens selbst?

Es muß hier darauf hingewiesen werden, daß diese Grundgedanken Rousseaus und geistesverwandter Philosophen heute wieder in zeitgemäßer Form auftauchen, nämlich in der Anthroposophie und im sogenannten „New Age". Diese Weltanschauungen werden modern und wissenschaftlich dargestellt, wodurch die Menschen heute eher bereit sind, diese abwegigen Ideen aufzunehmen. *Hier werden wissenschaftliche Erkenntnisse und theologische Grundsätze aus fernöstlichen Religionen mit christlichen Grundwahrheiten vermengt, so daß am Ende eine Lehre angeboten wird, die jedem etwas bietet – ohne daß er Verbindlichkeiten eingehen müßte oder jemandem verantwortlich wäre.* Oft werden auch berechtigte Existenzängste mit angesprochen. Ein typisches Beispiel dafür ist der biologisch-dynamische Landbau auf anthroposophischer Grundlage, der die Angst der Menschen vor mit Gift kontaminierten Lebensmitteln mit einbezieht.

Neue Ideen und esoterische Heilslehren finden heute mehr denn je ihre Anhänger bei den modernen Menschen, die von Gott und dem Evangelium von Jesus Christus nichts wissen wollen. Die biblische Lehre von der Erlösung des Menschen durch Gottes Heilsangebot in Jesus Christus wird als veraltet, überholt und nicht wissenschaftsfähig angesehen. Man sucht eben neue Wege. Der moderne Mensch lebt von Gott getrennt und entdeckt nun seine innere Leere. So ist es leicht verständlich, daß er offen und bereit ist, auf neue Angebote einzugehen. Gedanken fernöstlicher Religionen finden rasch Eingang, viele und schreckliche Formen des Okkultismus – von harmlos scheinenden Horoskopen bis zu folgenschweren Satansmessen –, fragwürdige Gesunderhaltungsmethoden mit Pendeln, Besprechen, Nadelpraktiken und anderen esoterischen Aus- und Abwegen gelten als modern und hilfreich. Alle diese Lehren und Ideologien, medizinischen und geistlichen Angebote sind aber nicht geeignet, den suchenden Menschen dauerhaft zu helfen, sie grundlegend zu heilen und ihnen den Sinn des Lebens zu vermitteln.

Es ist jedoch zu verstehen, daß man der Natur hierbei einen hohen Stellenwert mit heilenden Kräften beimißt. Außerdem ist verständlich, daß der Mensch aus Sorge um seine Existenz seine Hände schützend über die bedrohte Natur halten möchte. Wir haben heute auch allen Grund dazu. *Aber aus einer richtigen Zustandsanalyse werden die falschen Schlußfolgerungen gezogen.* Eine blinde, undifferenzierte Verteidigung der Natur führt dann zu einer Art pseudoreligiösen Handelns, letztlich zu einer gefährlichen Ideologisierung. Wenn hierbei die Integrität und die Erhaltung der Natur als entscheidender Maßstab angesehen werden und als grundlegendes Handlungsprinzip, an dem sich das Handeln des Menschen auszurichten hat, dann bekommt die Natur moralische Kompetenz. Sie wird auf einen Altar gesetzt, der für sie nicht gebaut wurde. Ihr wird damit eine Stellung eingeräumt, die nur Gott und seinen Geboten zukommt. Die angestrebte spirituelle Einheit mit der Natur wird dadurch zu einer Art Ersatzgottesdienst. Man geht dann z.B. in den Wald, wo man das sichtbare Heiligtum zu finden glaubt, statt in die Kirche, wo der Mensch aus der Bibel Gottes Wort und seinen persönlichen Anruf hören könnte. Die Ideologisierung und Vergötterung der Natur führt zu einer alle Lebensbereiche überlagernden *Ethik der Ökologie,* zu Naturfanatismus mit politischem Sprengstoff und wirtschaftlichen Konsequenzen.

Hier jedoch ist zunächst logische Trennschärfe gefragt! Es ist nämlich zu unterscheiden zwischen *menschlichem Handeln* in seinen Auswirkungen auf die Ökologie, also unsere Umweltproblematik, und *der Übernahme von Gesetzen der Ökologie auf menschliches Verhalten.* Es muß heute in unserem Lande, ja in ganz Europa selbstverständlich sein, daß die Aktivitäten des einzelnen und ganzer Interessen- und Wirtschaftsverbände in ihren Auswirkungen auf die Ökologie überprüft werden müssen. Der unbedachte Umgang mit den frei verfügbaren Umweltgütern wie Wasser und Luft, Wald und Boden führte zu schweren Schadenshypotheken, die wir nun mühsam abzutragen versuchen – das ökonomische und politische Thema Nr. 1 in der Zukunft!

Von größerer Bedeutung als die materiellen Schäden, weil von unübersehbarer Tragweite bis in die Tiefen menschlicher Existenz, erscheint mir jedoch die Übernahme ethischer Normen für den Menschen aus der Ökologie. Aus den Lebensbereichen höherer und niederer Tiere und der Pflanzenwelt geht eindeutig hervor, daß als *Verhaltensmuster in der Natur Kampf,* Durchsetzungsvermögen, Gewalt und Rücksichtslosigkeit herrschen. *Es wäre fatal, ja selbstzerstörerisch, solche Paradigmen zur Grundlage menschlichen Handels zu machen.* Man würde dadurch die zivilisatorische und kulturelle Entwicklung der Menschheit um Jahrhunderte zurückdrehen und in einen Atavismus schlimmster Art zurückfallen. So darf vorausgesetzt werden, daß es kaum Interessengruppen in unserer Gesellschaft gibt, die das Rad der Geschichte in dieser Art zurückdrehen wollen. *Es hieße, einen Irrweg einzuschlagen, wollte man die Gesetze der Natur oder die Grundlagen ökologischer Abläufe zu Maximen menschlichen Handelns heranziehen. In der von Gott abgewendeten Natur, der „gefallenen Schöpfung", findet der Mensch nicht die Vorbilder, die seinen ethischen Bedürfnissen entsprechen und ein Leben lang einer wahrhaftigen Prüfung standhalten.*

Nun aber ist der ökologisch orientierte Mensch heute auf

der Suche nach Halt und Handlungsmaßstäben. Bei seinen wirtschaftlichen Maßnahmen stößt er bald auf ökologische Grenzen, so daß sich daraus erheblicher gesellschaftlicher Konfliktstoff entwickelt. Selbst persönliche Nöte können sich daraus ergeben. Der Suchende und auf Freiheit und Orientierung bedachte Mensch ist eher verunsichert. Als letzte Reaktion darauf gibt er entweder sein ehrliches Bemühen auf oder schließt sich resigniert der allgemeinen Meinung an, den Trends, der Mode und sonstigen Verhaltensweisen. Nicht selten ist zu beobachten, daß bewährte Normen unbeachtet bleiben oder bewußt verworfen werden. Was beispielsweise Familien und Ehen zusammengehalten hat – Treue, Rücksichtnahme, Ehrerbietung und Vergebungsbereitschaft – wird gering geachtet oder falsch gedeutet und mißverstanden. Das hat weitreichende Folgen – so etwa den Verfall unserer Familien, die Abwertung der Ehe und die Brüchigkeit unserer gesellschaftlichen Strukturen. Man meint, persönliche Freiheit zu erlangen, wenn man sich von solchen „alten Zöpfen“ und zivilisatorischen Zwängen befreit.

Dieses Mißachten gilt besonders für die Grundlagen *christlicher* Lebensführung, die auf den Geboten Gottes beruhen. Das mag auch eine Zeitlang gutgehen, mindestens so lange man jung, gesund und erfolgreich ist. Doch bald kann dieses reibungslose „glückliche“ Leben getrübt werden, nämlich dann, wenn sich Untreue im Zusammenleben, Trennung, rechtliche Auseinandersetzungen, Enttäuschungen, Arbeitslosigkeit, seelische und nervliche Belastungen oder gar Krankheiten einstellen. Gewiß wissen hierüber Ärzte, Anwälte, Psychiater und Seelsorger viel zu berichten. Der am Ende eines modernen Lebensstils „in wahrer Freiheit“ auftretende Frust, die Bitterkeit und das Erkennen der Sinnlosigkeit des eigenen Lebens führen oft auf zweifelhafte Abwege, wie Alkohol, Drogen, Gewaltszenen, oder zum Wegwerfen des eigenen Lebens. Eigentlich wollte man diese Schiene gar nicht befahren, aber an einem Knotenpunkt sind die Weichen falsch gestellt worden. Oft standen dabei Ungehorsam und Eigensinn Pate, Auflehnung und ein unkontrollierter Freiheitsdrang. Natürlich gab es hier auch Verursacher oder Schuldige, z.B. ein zu harter Vater, eine zerstrittene Ehe, ein gescheitertes Berufsleben, eine enttäuschte Liebe, schlechte Vorbilder, falsche und feige Lehrer und andere. Gerne möchte mancher nach dem Scheitern einer Lebensphase noch einmal neu anfangen. Aber geht denn das? Wer hilft dabei? Wo wendet man sich hin; wo ist die Auffangstelle, die Wendeplatte und die erste Station für den neuen Start? Wie bald ist zu merken, daß hierbei die Gesetze der Natur im menschlichen Leben nicht ausreichen, ja eher zur Zerstörung führen. Mit den Gedanken des Prometheus – nach Versen von Goethe – kann man auf Dauer nicht leben: „Allen Gewalten zum Trotz sich erhalten, niemals sich beugen, kräftig sich zeigen, rufet die Arme der Götter herbei."

Eine ökologische Ethik, angelehnt an die Gesetze der Natur und die Erfordernisse der Rücksichtnahme auf die Umwelt, ist als Lebensgrundlage und Handlungsmaxime für den Menschen ungeeignet. Sie deckt das menschliche Leben nur unzureichend ab. Damit dringen wir nicht zum Wesentlichen, zum Substantiellen vor; wir bleiben eher in den Vorhöfen stehen und begnügen uns mit dem Vorletzten.

Auf der Basis ökologischer Ethik findet der Mensch keine Hilfe in seinen inneren Problemen und für die Lösung seiner seelischen Konflikte. Oft ist ein Leben deshalb so schwer, weil die Vergangenheit nicht bewältigt ist. Schuld aus der Vergangenheit ist eine Last, die uns unter Druck hält und die Freude raubt. Wir brauchen aber eine Adresse, bei der wir Schuld und Sünde abladen können, damit wir wieder frei durchatmen können. Und wir möchten neu beginnen!

Dafür sind aber die Maßstäbe ökologischer Ethik ungeeignet. Sie können uns nicht Vergebung zumessen und frische Energie zu hoffnungsvollem neuen Anfang vermitteln. Auch Trost und Zuspruch in den Niederungen unserer Tage können wir von ihnen nicht erwarten. Bei Mißerfolg erhoffen wir uns doch ein ermunterndes Wort und Zuwendung, die uns wieder aufrichten. Bei Enttäuschungen gerät man leicht in Resignation und Bitterkeit. Je älter der Mensch wird, um so stärker stellen sich diese dunklen Schatten ein. Wo und bei wem suchen wir dann Trost, Aussprache und innere Hilfe? Doch nicht in der Natur, in der Stille des Waldes? In allen diesen Lebenslagen und dunklen Stunden unseres Lebens bleibt die Natur stumm, sie hüllt sich in Schweigen. Mit diesem Anspruch überfordern wir die Natur. Wir suchen an der falschen Stelle nach Hilfe und Halt.

Wir merken hieran, daß die natürlichen Lebensgesetze und ökologischen Verhaltensweisen nur einen Teil unseres Lebens abdecken und nur sehr bedingt mit ihm vergleichbar sind. Dadurch wird auch deutlich, daß die Schöpfung kein persönliches Gegenüber für den Menschen sein kann. Allerdings kann man in der Schöpfung zur Bewunderung und Ehrfurcht vor dem Schöpfer hingewiesen werden. Für eine persönliche Begegnung mit Gott ist aber ein anderer Weg vorgesehen, den uns die Bibel weist: Demnach kann Gott an seinen Werken in der Schöpfung wahrgenommen werden. In Römer 1,20 heißt es: „Denn Gottes unsichtbares Wesen, nämlich seine Kraft und Gottheit, wird seit der Schöpfung der Welt an seinen Werken mit der Vernunft erfaßt, so daß sie keine Entschuldigung haben." Trotz dieser naturwissenschaftlich klaren Tatsachen hat der moderne Mensch Gott in der Schöpfung weder erkannt, noch ihm gedankt, sondern sich Vordergründigem und Materiellem hingegeben. Aus dieser „Sichtverkürzung" bzw. der Verkennung der natürlichen Fakten werden eher Menschen oder Geschöpfe verehrt anstatt Gott. So richtet sich der egozentrische Mensch in seiner Verirrung, Begierde und Unreinheit selbst zugrunde.

Diese biblischen Aussagen beleuchten trefflich unsere heutige ethisch-soziale und wirtschaftspolitische Situation, die in ihren gesellschaftspolitischen Folgerungen einen zerstörerischen Fortgang nimmt. Wenn der Mensch der Verantwortung vor Gott ausweicht, ist er zu Handlungen fähig, die dem Nächsten, ganzen Gesellschaftsgruppen und zuletzt ihm selbst schaden. Dabei gilt die Erfahrung, daß der Mensch ohne Gottesbindung letztlich und ausdauernd nicht zu verantwortlichem

Handeln fähig ist. Er unterliegt dann auch den brutalen Gesetzen der Natur: dem „struggle for life“, trotz humanistischer Verbrämungen. Also ist die Ethik, die sich an den Gesetzen der Natur orientiert, für den Menschen ungeeignet, ja schädlich. Da diese „ökologische Ethik“ letztlich rücksichtslos und ohne Verantwortung handelt, beutet sie die Natur und auch den Menschen aus. Sie ist weder nützlich noch gut für den Menschen. Somit ist sie zu verwerfen, weil sie den Schöpfer und Erhalter der Welt unberücksichtigt läßt.

Der Mensch ohne Gott lebt aber in der Angst vor Problembergen in der Zukunft, die ihre Schatten bereits in die Gegenwart werfen. Doch die Furcht vor existentieller Bedrohung kann kein guter und hilfreicher Ansatzpunkt zur Umkehr und Änderung sein. Vielmehr bedarf es der *ökologischen Verantwortung* des Menschen unter den Augen Gottes. Also macht allein eine biblisch orientierte Ethik den Menschen stark, seine guten Vorsätze und Einsichten auf Dauer und gründlich zu verwirklichen und durchzusetzen. Die Hinwendung zu Gott kann auch eine Wende in diesen Lebensfragen bringen. Wenn ein Mensch – unabhängig von Stand und Wirkungsfeld – Gott wieder in sein Herz und Leben aufnimmt mit der Bitte: „Sei mein Herr“, erfährt er auch die ersehnte Hilfe in seinem Leben und – soweit durch ihn selbst möglich – den Schutz seines Lebensraumes. Die Änderung der Grundeinstellung des Menschen versetzt ihn in eine andere Ausgangsposition für alle seine Lebensbereiche. Der Glaube an Gott verleiht ihm eine neue Sicht für seine Lebensziele und Lebensbedürfnisse. Die Prioritäten seiner Aufgaben und Wünsche werden einem Stellenwechsel unterzogen. Das Denken und Handeln richtet sich dann weitgehend an Gottes Geboten aus. Er glaubt Gottes biblischen Verheißungen. Erfahrungsgemäß kann er sie in seinem persönlichen Leben auf ihren Wahrheitsgehalt prüfen. Diese glaubensmäßige Wende und die Annahme der Gebote Gottes als Maßstäbe zur Ausrichtung des Lebens bringen Ordnung, Sicherheitsgefühl und Ruhe in menschliches Dasein. Das freiwillige Eingehen auf Gottes Angebot, nämlich die Annahme Jesu Christi als „Herrn“, läßt in seiner konsequenten Entwicklung Vertrauen und Glauben wachsen. Aus der täglichen Erprobung des Glaubens heraus bin ich gerne bereit, meinem Herrn zu gehorchen. Das ist ein freiwilliges Einordnen in seinen Willen. Aus dieser Einübung im Glauben, Erproben der Zusagen Gottes und dem Gebet in meinen guten und schlechten Tagen wächst auch eine Zuneigung und Liebe zu Gott. Da ich nun in meinem Herzen erneuert bin, werden auch meine Augen einen neuen Blick bekommen für meine Umgebung, für Gottes Schöpfung und für meine Mitmenschen. Daraus entwickelt sich ein verändertes Sehen und Verhalten für meine mich umgebende Wirklichkeit. Aus dem Vertrauen zu Gott und der Liebe zu Jesus Christus sehe ich die Werke Gottes in der Schöpfung mit neuen Augen. Aus der Verbindung zu Gott erwächst in mir also auch ein neues Verhältnis zur Umwelt und zur Natur als Gottes Werk. So wird aus einer ökologischen Ethik eine ethische Lebenseinstellung, die sich an Gottes Maßstäben orientiert und die Ökologie als etwas der Schöpfung Innewohnendes ansieht. *Ich empfinde sodann mein Verhältnis zu Gott als Basis für mein Verhältnis zur Ökologie.* Dieses Lebensprinzip ist weiter und schließt die Prinzipien und Konsequenzen der ökologischen Ethik mit ein, ja sie wird dadurch sogar verbessert, weil sie konsequenter, ausdauernder und gründlicher ist.

Die christliche Ethik – biblisch orientiert – umfaßt nicht nur das menschliche Handeln, sondern den Menschen in seiner ganzen Existenz mit Denken, Fühlen, Wollen und Sein. Aus dieser total veränderten Grundeinstellung in ethischen Normen ergeben sich auch grundsätzlich andere Verhaltensweisen des Menschen in allen seinen Lebensbereichen.

Statt dem Anruf „Zurück zur Natur" Gehör zu schenken, folgt man besser und lieber dem persönlichen Aufruf und der Verheißung Gottes zur Nachfolge Jesu Christi, nämlich: „Wen der Sohn frei macht, der ist wirklich frei."

PETER ZIMMERLING, REICHELSHEIM

Ist die Schöpfung noch zu retten? Vorüberlegungen zu einer Theologie der Schöpfung

Vorbemerkungen

„Natur im Widerstreit“, so hieß vor nicht zu langer Zeit das Thema einer renommierten Zeitschrift. In drei Hauptartikeln wurde darin versucht, die ganze Bandbreite gegenwärtiger Diskussionen zu unserem Thema abzuschreiten. Der erste große Fragenkreis stand unter dem Thema „Was heißt Schöpfung?“. Im zweiten Fragenkreis ging es um die Überlegungen im Zusammenhang mit der modernen Gentechnologie und der daraus folgenden ethischen Problematik. Wie weit ist es dem Forscher erlaubt, in der Natur zu tun, was er kann? Oder müßte es nicht eine freiwillige Selbstbeschränkung geben, die ethisch verantwortet wäre. Der dritte Fragenkreis hing mit den neo-religiösen Bewegungen der Gegenwart zusammen, die unter dem Stichwort New-Age zusammengefaßt werden. Hier ist kaum zu übersehen, daß die durch New-Age propagierte neue Spiritualität große Affinität zu Naturreligionen und einer damit verbundenen Natur-Mystik besitzt.

Evtl. könnte man noch den Feminismus als den vierten Fragenkreis unseres Themas betrachten. Durch seine Beschäftigung mit Symbolen wie der „großen Weltmutter", der „Mutter Erde" und der Frage nach weiblichen Gottheiten überhaupt ist auch im Feminismus die Frage nach der Natur ins Blickfeld gerückt.

Ihre Ursache hat die Beschäftigung mit allen genannten Problemkreisen in der unübersehbaren ökologischen Krise. Inzwischen besteht weithin Grundkonsens darüber, daß die gegenwärtige technische Entwicklung das Leben auf unserem Planeten so sehr bedroht, daß eine echte Überlebenskrise bevorsteht.

Wenn wir uns als Christen mit diesen Fragen beschäftigen, geht es zunächst darum, unseren Glauben, d.h. unsere Hoffnung, zu verantworten. Mit ausgelöst ist diese Verantwortung durch Vorwürfe an das traditionelle Christentum, die dieses mitverantwortlich für die gegenwärtige tödliche Bedrohung des Lebens machen. Eugen Drewermanns Buch „Der tödliche Fortschritt"[1] ist ein Beispiel für diese vehement vorgetragene Kritik am traditionellen Christentum. Es geht im folgenden jedoch nicht so sehr um ein apologetisches Bemühen – bloß darum, auf die genannten Vorwürfe zu reagieren – sondern um den Versuch, einige Gedankenanstöße im Hinblick auf die Rede von der Schöpfung in gegenwärtigen Diskussionen zu geben. Wir gehen dabei von der Aussage des Glaubensbekenntnisses aus: „Ich glaube an Gott den Vater, den Allmächtigen, den Schöpfer Himmels und der Erde." Ich will zuerst darstellen, welche Vorwürfe gegen eine bestimmte Interpretation dieser Aussage des Glaubensbekenntnisses derzeit erhoben werden und aus dem gesamtbiblischen Zusammenhang andeuten, wie der Artikel von der Schöpfung neu zu interpretieren ist. Dann ist der Artikel von der Schöpfung hineinzustellen in die biblischen Aussagen von der Zukunft und Vollendung der gegenwärtigen Welt. Schließlich wollen wir darüber nachdenken, wie es konkret zu einer Veränderung unserer Einstellung gegenüber der Schöpfung kommen kann.

1. „Ich glaube an Gott den Vater, den Allmächtigen, den Schöpfer des Himmels und der Erde" – zur modernen Kritik an dieser Aussage

Zu Recht stellen Kritiker im Zusammenhang mit der gegenwärtigen ökologischen Krise fest, daß die modernen Naturwissenschaften und deren praktische Umsetzung in der Technik auf dem Boden der alten christlichen Völker Europas und Amerikas, eben nicht in Afrika, Indien oder China entstanden sind. Ein bestimmtes geistiges Klima, eine besondere Bewußtseinslage waren nötig, damit Naturwissenschaft und Technik ihren Siegeszug antreten konnten.

Richtig ist weiter, daß der Gedanke von der Welt als Gottes Schöpfung, als Gottes Werk, dem Abendland die Freiheit zur Naturwissenschaft gab. Indem die Welt als Gottes Schöpfung, als sein Werk verstanden wird, ist sie als etwas von Gott Unterschiedenes erkannt; sie ist damit selbst nicht göttlich.

An dieser Stelle setzen die verschiedenen Interpretationen ein. Kritiker behaupten, daß die Machtergreifung des Menschen über die Natur und die Maßlosigkeit seines Willens zur Macht in der jüdisch-christlichen Tradition wurzele.

Moltmann stellt demgegenüber richtig fest, daß diese angeblich anthropozentrische Weltauffassung der Bibel mehr als 3000 Jahre alt ist. Die Entwicklung der modernen wissenschaftlich-technischen Zivilisation habe aber in Europa frühestens vor 400 Jahren begonnen. Für sie müßten also andere Faktoren maßgeblicher gewesen sein[2]. Moltmann hebt hervor, daß für das

Selbstverständnis des Menschen vor 400 Jahren das neue Gottesbild der Renaissance und des Nominalismus entscheidend war. Gott als der Allmächtige sollte sich im Menschen abbilden. Weil Macht, nicht Güte und Wahrheit, zum vornehmsten Prädikat Gottes wurde, ging es auch für den Menschen darum, Macht zu gewinnen, um Gott ähnlich zu werden. Durch Wissenschaft und Technik sollte die Macht über die Natur und damit die Wiederherstellung der Gottebenbildlichkeit und der Herrschaft des Menschen erreicht werden[3].

Sehr aufschlußreich ist hier ein im Zeitalter der Renaissance zu beobachtender Bedeutungswandel des Subjekt-Begriffs. Meint vom lateinischen her „subicere" soviel wie „unterwerfen" und Subjekt entsprechend etwas, das unterworfen ist, so bedeutet Subjekt-Sein im Hinblick auf den Menschen von nun an gerade umgekehrt Herr-Sein über die umgebende Umwelt. Die theozentrische Weltsicht wurde abgelöst von einer anthropozentrischen. War zuvor der Mensch eingereiht in die Reihe der übrigen Geschöpfe und des übrigen Geschaffenen und als Geschöpf seinem Schöpfer verantwortlich, so wird er nun zum Alleinherrscher über die übrige Schöpfung, der sich immer weniger einem Gott verantwortlich fühlt. Mit dieser anthropozentrischen Weltsicht und der damit verbundenen „Subjektivierung" des Menschen geht die Verdinglichung der natürlichen Umwelt einher.[4]

Symptomatisch für den eben beschriebenen Prozeß ist folgende Geschichte: Bis zur Renaissance und noch weit darüber hinaus war es unüblich, Berge zu besteigen, um von ihnen einen Weitblick über die zu Füßen liegende Landschaft zu erhalten. Petrarca (1303–74) ist der erste, von dem wir wissen, daß er die Besteigung eines Berges um dieses Ausblicks willen vorgenommen hat. Allerdings hat er, auf der Spitze des Mont Ventoux in der Provence angekommen, aus den Bekenntnissen des Augustinus vorgelesen und später seine Bergbesteigung dem zuständigen Bischof gebeichtet. Zu sehr war selbst der „erste moderne Mensch" noch eingebunden in die theozentrische Weltsicht des Mittelalters. Es gehörte sich nicht für den

Menschen, sich anzumaßen, was allein Gott gebührt: eben den Blick und damit die Herrschaft über die Welt.

Die moderne technische Zivilisation hat demnach ihren Quellgrund gerade nicht in der theozentrischen Weltsicht des christlich geprägten Mittelalters. Vielmehr geht sie einher mit der Emanzipation des Menschen von eben dieser Weltsicht.

Nun sagen moderne Kritiker der jüdisch-christlichen Tradition aber, daß der biblische Schöpfungsauftrag „Seid fruchtbar und mehret euch und macht euch die Erde untertan" (1.Mose 1, 28) selbst die geistigen Grundlagen für die heutige ökologische Krise gelegt habe. Gerade durch ihn seien unbegrenzte Vermehrung, Überbevölkerung der Erde und die Unterdrückung der Natur entstanden.[5] Nicht eine bestimmte geistesgeschichtliche Ausprägung christlichen Lebens, sondern die Ur-Kunden des Glaubens werden hiermit verantwortlich gemacht für die ökologische Krise der Gegenwart. Ein ernstzunehmender Vorwurf, der im folgenden auf seine Berechtigung hin zu untersuchen ist.

2. 1. Mose 1 – 3 neu gelesen

Der entscheidende Grundsatz reformatorischer Schriftauslegung lautet folgendermaßen: scriptura sacra sui ipsius interpres – die Heilige Schrift legt sich selbst aus.

Nur wenn Bibelstellen im Zusammenhang ausgelegt werden, besteht hinreichende Sicherheit, daß man sie richtig versteht und nicht einzelne Aussagen in falscher Weise isoliert. Von daher sind auch 1. Mose 1 und 2 in ihrem Bezug zueinander auszulegen. Schon von ihrer Anordnung her gehören sie zusammen. Schließlich haben sie auch in der jüdisch-christlichen Geschichte bis zum Beginn der historisch-kritischen Schriftauslegung immer als Einheit gegolten und gewirkt. In 1. Mose 1, 28 ist tatsächlich vom Herrschaftsauftrag des Menschen über die Erde die Rede: „Und Gott segnete sie und sprach zu ihnen: Seid fruchtbar und mehret euch und füllet die Erde und machet sie euch untertan und herrschet über die Fische im Meer und über die Vögel unter dem Himmel und über das Vieh und über alles Getier, das auf Erden kriecht." Dieser Herrschaftsauftrag wird in 1. Mose 2, 15 näher bestimmt: Gott der Herr nahm den Menschen und setzte ihn in den Garten Eden, daß er ihn bebaute und bewahrte." Hier ist keine Rede von Raubbau und Ausbeutung. Die Herrschaft des Menschen über die Erde soll vielmehr dem bebauenden und bewahrenden Tun eines Gärtners entsprechen.[6]

Der Mensch erhält von Gott somit einen Kulturauftrag. Es gehört zu seinem Wesen, diesen Gestaltungsauftrag der Welt wahrzunehmen. Die Welt ist nicht so geschaffen, daß man sie sich selbst überlassen könnte, weil sich durch Selbstregulierung alles in Harmonie hielte. Sie bedarf der Pflege durch den Menschen, der darin auch Sinn seines Lebens und Freude am Dasein finden kann.[7]

Der Gestaltungsauftrag ist vom weiteren biblischen Zusammenhang her als Haushalterschaft zu interpretieren. Der Mensch bleibt Gott für sein Tun in der Schöpfung verantwortlich. Das wird bspw. daran deutlich, daß Gott ihm mit dem Verbot, vom Baum der Erkenntnis zu essen, eine deutliche Grenze setzt (1. Mose 2, 17). Ihren Grund und ihre Ursache hat die Haushalterschaft des Menschen über die Schöpfung darin, daß sie Gottes Schöpfung bleibt. Nirgends läßt die Bibel einen Zweifel darüber, daß der Mensch nicht autonom ist, sondern zu einem Leben im Rahmen der Gebote Gottes berufen ist. Von Anfang an beteiligt Gott den Menschen an seiner Herrschaft über die Schöpfung. Es läßt sich kaum bezweifeln, daß die Benennung der Tiere durch den Menschen die Herrschaft des Menschen über die Tierwelt zum Ausdruck bringen soll (1. Mose 2, 19). Allerdings ist in 1. Mose 1 und 2 auch dieser Herrschaftsauftrag des Menschen über die Tierwelt ein begrenzter: Es ist keine Rede von einer Erlaubnis zum Töten der Tiere. Der Mensch soll sich von den Früchten des Gartens ernähren (2. Mose 2, 16). Erst nach dem Sündenfall wird ihm im Rahmen von Gottes Bund mit Noah erlaubt, auch Tiere, Vögel und Fische als Speise zu verzehren (1. Mose 9, 2f). Gleich wird allerdings auch diese Erlaubnis mit einem Verbot verknüpft: Das Tier darf nicht in seinem eigenen Blut genossen werden (1. Mose 9, 5).

Weithin hat in den vergangenen Jahrhunderten der Mensch die Welt autonom zu gestalten versucht. „Etsi deus non daretur" – dieser ursprünglich aus dem Bereich des Naturrechts (Pufendorf) stammende Grundsatz wurde mit der Zeit in sämtlichen Wissenschaften angewandt (einschließlich der Theologie).

Die Folge davon war, daß die Theologie in folgendem Reduktionsprozeß ihr Heil suchte: Sie beschränkte den Glauben mehr und mehr auf den Bereich der Innerlichkeit. Es kam zur „Entweltlichung" des Glaubens und schließlich zum Verdacht der „Unwirklichkeit" der Theologie (Klaus Bockmühl). Eine ernsthafte Kosmologie wurde aufgegeben. Der Artikel von der Schöpfung trat mehr und mehr hinter dem Artikel von der Versöhnung zurück. Der Schöpfergott verschwand hinter dem Erlösergott.

Dies entspricht jedoch weder dem Gesamt-Duktus der Bibel, noch den reichen Aussagen von 1. Mose 1 und 2, die durchaus kosmologisch zu verstehen sind. So bekunden 1. Mose 1 und 2 bspw., daß der Mensch nicht nur Gott für seinen Herrschaftsauftrag verantwortlich bleibt, sondern daß er gleichzeitig auch Teil der Schöpfung ist: „Gott der Herr machte den Menschen aus Erde vom Acker und blies ihm den Odem des Lebens in seine Nase. Und so ward der Mensch ein lebendiges Wesen" (1. Mose 2, 7). Der Mensch bleibt also Glied der ihn umgebenden Schöpfung. Als Geschöpf gehört er zur übrigen Schöpfungsgemeinschaft.[8] Gerade die Mißachtung dieser Tatsache hat die modernen Naturwissenschaften dazu verführt, die Natur nur noch als Natur-, Stoff- und Arbeitsgegenstand zu betrachten.[9] Der Philosoph Ernst Bloch hat mit Recht darauf hingewiesen, daß die Aufgabe einer zukünftigen Naturwissenschaft und Technik darin besteht, stärker eine „Mitproduktivität der Natur" zu berücksichtigen. „Je mehr gerade statt der äußerlichen eine Allianztechnik möglich werden sollte, eine mit der Mitproduktivität der Natur vermittelte, desto sicherer werden die Bildkräfte einer gefrorenen Natur erneut freigesetzt. Unsere bisherige Technik steht in der Natur wie eine Besatzungsarmee im Feindesland und vom Landesinneren weiß sie nichts, die Materie der Sache ist ihr transzendent."[10] Der Atheist Ernst Bloch hat hier etwas vom Verweischarakter der Schöpfung auf Gott hin erkannt.

In den vergangenen Jahrhunderten hat man in der westkirchlichen Theologie Schöpfung weithin nur im Hinblick auf die sichtbare Wirklichkeit verstanden. Die Aufklärung hatte an diesem Schöpfungsverständnis mit ihrer Parole, daß nur das Sichtbare wirklich ist, entscheidenden Anteil. Daß auch dies eine folgenreiche Verengung des christlichen Schöpfungsglaubens darstellte, macht schon 1. Mose 1, 1 offenbar: „Am Anfang schuf Gott Himmel und Erde." Im nicänischen Glaubensbekenntnis ist die Rede von Gott als dem Schöpfer des „Sichtbaren und Unsichtbaren". Gottes Schöpfung reicht also über die mit den naturwissenschaftlichen Methoden und Instrumentarien erforschbare und in bestimmten Grenzen beherrschbare sichtbare Schöpfung hinaus. Der Bereich des Himmels, der unsichtbaren, geschaffenen Wirklichkeit, steht dem menschlichen Zugriff nicht ohne weiteres offen. Im Gegenteil: Die Existenz einer über die sichtbare Welt hinausreichenden unsichtbaren Wirklichkeit relativiert die naturwissenschaftliche Welterkenntnis entscheidend. Daß diese Aussagen auch dem gesamtbiblischen Zeugnis entsprechen, ist an dieser Stelle nicht näher zu belegen. Es muß hier der Hinweis auf 2. Könige 6, 15ff und Epheser 6, 12 genügen: Unsere sichtbare Welt ist umgeben von der unsichtbaren Welt des Himmels.

Darüber hinaus sprechen die alttestamentlichen und neutestamentlichen Schriften von der „Herrlichkeit" Gottes, die weder in der sichtbaren noch in der unsichtbaren geschaffenen Wirklichkeit aufgeht. Luther übersetzt das entsprechende hebräische Wort meist mit „Ehre". Besser würde man von „mit Liebe verbundener Machtfülle und Schönheit" sprechen. Von hier aus wird auch der berühmte Satz Dostojewskis verständlich: „Die Schönheit wird die Welt erlösen." Letzte Bestimmung der

Welt ist, daß sie von der Herrlichkeit Gottes durchflutet und geprägt ist. Jüdisch-christliche Rede von der Schöpfung kann schließlich nicht davon absehen, daß auf 1. Mose 1 und 2 1. Mose 3 folgt. Schließt 1. Mose 1 mit dem Satz: „Gott sah an alles, was er gemacht hatte, und siehe, es war sehr gut" (1. Mose 1, 31), so endet 1. Mose 3 mit der Aussage: „Und Gott trieb den Menschen hinaus und ließ lagern vor dem Garten Eden die Cherubim mit dem flammenden, blitzenden Schwert, zu bewachen den Weg zu dem Baum des Lebens" (1. Mose 3, 24). Dadurch, daß der Mensch aus dem unmittelbaren Vertrauensverhältnis mit Gott heraustritt, entsteht ein unheimlicher Riß durch die Schöpfung. Es ist ein Ziel der Urgeschichte (1. Mose 1–11) zu zeigen, wie die erste Übertretung des Gottesgebotes durch den Menschen immer mehr um sich griff und zu einem lawinenartigen Anschwellen von Unrecht und Zerstörung führte (Gerhard von Rad).

Jeder Versuch des Menschen, den Paradies-Engel zu überwinden und sich eigenmächtig einen Zugang zu verschaffen, ist darum zum Scheitern verurteilt.

3. Gott der Vater erschuf Himmel und Erde durch den Sohn im Heiligen Geist

Mit diesem Satz hat die altkirchliche Theologie zum Ausdruck gebracht, daß die Schöpfung nicht das alleinige Werk Gott des Vaters ist, sondern daß der Sohn wie auch der Heilige Geist Mitschöpfer sind. Er stellt eine Anwendung des christlichen Glaubens an den dreieinigen Gott auf die alttestamentliche Lehre von der Schöpfung dar. Die Schöpfung hat darum dialogischen Charakter. Sie ist nicht das Werk eines unbewegten, einsamen Bewegers, sondern die Schöpfung eines liebenden Gottes, der in Gemeinschaft lebt.

Die Schöpfungsmittlerschaft Jesu Christi wird an wichtigen Stellen im Neuen Testament bezeugt: „Am Anfang war das Wort, und das Wort war bei Gott und Gott war das Wort. Dasselbe war im Anfang bei Gott. Alle Dinge sind durch dasselbe gemacht, ohne dasselbe ist nichts gemacht, was gemacht ist" (Johannes 1, 1ff). Der Verfasser des Johannes-Evangeliums will mit diesem Anfang seine Schrift auf die gleiche Stufe wie die 5 Bücher Mose, die Grundlagen des jüdischen Glaubens, stellen. 1. Mose 1, 1 lautet: „Am Anfang schuf Gott Himmel und Erde." Johannes behauptet im Vorspruch seines Evangeliums das Ungeheuerliche: Jesus von Nazareth ist als das Wort und die Wirkursache der Schöpfung vor aller Welt bei Gott gewesen.

In Kolosser 1, 15ff findet sich eine weitere wichtige Aussage über die Schöpfungsmittlerschaft Jesu: „Er ist das Ebenbild des unsichtbaren Gottes, der Erstgeborene vor aller Schöpfung. Denn in ihm ist alles geschaffen, was im Himmel und auf Erden ist, das Sichtbare und das Unsichtbare, es seien Throne oder Herrschaften oder Mächte oder Gewalten; es ist alles durch ihn und zu ihm geschaffen. Er ist vor allem, und es besteht alles in ihm." Diese Aussagen entfalten das in Johannes 1 Gesagte. Jesus Christus ist nicht nur vor der Schöpfung gewesen – also ungeschaffen. Es ist auch alles durch ihn und auf ihn hin gemacht. Er hat die Schöpfung im Namen des Vaters ausgeführt. Darum ist sie auf ihn hin orientiert. Die neutestamentliche Rede von der Herrschaft des Sohnes über den gesamten geschaffenen Kosmos ist also nicht allein durch seine Versöhnungstat am Kreuz, sondern bereits durch sein Schöpfungshandeln vor aller Zeit begründet. Weil die Schöpfung auf ihn hin orientiert ist, findet sie erst durch die Anerkennung seiner Herrschaft zum Frieden und zur Fülle. –

Schließlich behauptet der Kolosserbrief sogar, daß die Schöpfung auch ihren Bestand Jesus Christus verdankt: „Es besteht alles in ihm."

Was bedeuten diese Aussagen für das Verständnis der Welt als Schöpfung Gottes? Das Neue Testament hält an der alttestamentlichen Erkenntnis fest, daß die Welt, die sichtbare und unsichtbare Wirklichkeit, Gottes Schöpfung ist. Der Glaube an die Schöpfungsmittlerschaft Jesu Christi erweitert diese Erkenntnis allerdings in zweifacher Hinsicht: Glaube an Christus, d.h.

christlicher Glaube ist immer auch Schöpfungsglaube und schließt darum auch immer Schöpfungsverantwortung ein. Indem Jesus Christus als Schöpfungsmittler identifiziert wird, wird ein zweites deutlich: Die Schöpfung kann, so wie sie jetzt ist, nicht bleiben. Denn der, durch den diese Welt geschaffen wurde, hat sie am Kreuz auch erlöst (2. Korinther 5, 19). Nicht durch irgendeine natürlicherweise gewonnene Erkenntnis von der Unvollkommenheit der Welt, sondern durch die Erkenntnis Jesu Christi ist die gegenwärtige Schöpfung damit als offen für eine zukünftige Verwandlung erkannt. Ich will nicht bestreiten, daß auch eine vernünftige Beobachtung der Welt zur Erkenntnis führen kann, daß ein Riß durch diese geht. Jedoch ist diese Erkenntnis keineswegs eindeutig und kann genauso zu der Meinung führen, daß der Kampf der Natur zu ihrem Wesen dazugehört. Außerdem sind immer wieder Philosophen und Naturwissenschaftler zum Schluß gekommen, daß der beobachtete Bruch in der Schöpfung durch entsprechende menschliche Aktionen bzw. zunehmende Erkenntnis beseitigt werden könne.

Auf diese Ansichten antwortet das Neue Testament mit seiner Verkündigung vom Versöhnungstod und von der Auferweckung des Schöpfungsmittlers. Der Kreuzestod Jesu Christi macht ein für allemal deutlich, daß die Schöpfung, so wie sie ist, nicht bleiben kann – und nicht bleiben muß. Seine Auferweckung zeigt, daß Sünde und Tod in dieser Schöpfung nicht das letzte Wort behalten. „Mit der Auferweckung des Gekreuzigten von den Toten beginnt für Paulus der endzeitliche Prozeß der Totenauferweckung und damit der Neuschöpfung der Welt“[11]. Die Auferweckung Jesu, die bereits geschehen ist, verbürgt die Erneuerung der gesamten Schöpfung. In 1. Korinther 15, 20–24 stellt Paulus die mit der Auferstehung Christi begonnene Zukunft der Welt in einer bestimmten zeitlichen Reihenfolge dar: Christus ist nur der Erstling (aparche) der neuen Schöpfung.

Moltmann spricht zu Recht vom Auferstehungsglauben als der christlichen Gestalt des Schöpfungsglaubens.[12] Vom Auferstehungsglauben her wird sichtbar: Eine erneuerte Leiblichkeit ist das Ende aller Werke Gottes. Entsprechend spricht Paulus in 1. Korinther 15 vom „geistlichen Leib" (Vers 44) als der Leiblichkeit der erneuerten Schöpfung, des ewigen Lebens.

Es ist der Heilige Geist, der diese Neuschöpfung bewirkt. Wer seine Kraft erfährt, wird hineingezogen in die neue Schöpfung. Mit den Gaben des Geistes werden dem Menschen Kräfte der himmlischen Welt, des neuen, ewigen Lebens verliehen. Indem ein Mensch seinen Willen unter die Herrschaft Jesu Christi stellt, erhält er konkret Anteil an diesen Kräften und Gaben des Heiligen Geistes und wird hineingezogen in den Prozeß der Neuwerdung der Welt.[13]

Dabei besteht eine tiefe Verbundenheit des Menschen mit der übrigen irdischen Welt und ihren Geschöpfen. Vor allem Paulus hat in Römer 8 auf diese Verbindung hingewiesen. Durch Gott wurde die Schöpfung nach dem Sündenfall ohne ihren Willen der Vergänglichkeit unterworfen. Doch wird diese Vergänglichkeit nicht das letzte Wort behalten. Die ganze Schöpfung muß vielmehr Teil bekommen an der herrlichen Freiheit der Kinder Gottes. Genauso, wie sie in den Schuldzusammenhang des Menschen hineingezogen wurde, wird sie auch Teil haben an dessen Erlösung. Die Vergänglichkeit der Kreatur wird zusammen mit der Auferstehung bzw. Verklärung des menschlichen Leibes überwunden (Römer 8, 18–25). Dieser Prozeß hat mit der Auferweckung Jesu Christi begonnen und kommt mit seiner Wiederkunft an sein Ziel. Angeld dieses Geschehens ist der Heilige Geist, der jedem Gläubigen gegeben wird. Von der Seite des Menschen her betrachtet: Er kann nicht zur endgültigen Vollendung seiner in Christus neu gewonnenen Freiheit gelangen, wenn nicht die Schöpfung selbst, deren Teil er ja ist, verwandelt wird (Römer 8, 19–23). Erst wenn auch die irdische, sichtbare Welt erneuert ist, wird das Ziel der Neuschöpfung erreicht sein.

4. Die ewige Vollendung als Sabbat der Herrlichkeit Gottes

Der Sabbat, mit dem Gott seine Werke vollendet, stellt einen Hinweis auf den Kulturauftrag des Menschen dar: Im wöchentlichen Ruhetag liegt nämlich die Wurzel sowohl aller menschlichen Geschichte wie des menschlichen Ethos. Er gliedert die menschliche Zeit und erhebt sie damit aus dem gleichförmig fließenden Strom der Natur. Vor allem aber ist der Sabbat „das Fest der Schöpfung“[14]. In ihm vollendet sich die Schöpfung. Zu dieser Vollendung gehört die Teilnahme der Schöpfung an der offenbaren ewigen Gegenwart Gottes. Dazu muß sie erlöst werden.

Paul Schütz sagt, daß menschliche Existenz immer Existenz im Offenen ist. Sie geht nicht in der sichtbaren vorfindlichen Welt auf, sondern transzendiert diese. Dies gilt ebenso für den gesamten Kosmos. Auch er ist offen für eine veränderte Zukunft. Das Wissen davon hat die Erschaffung des Sabbats als 7. Tag der Schöpfung wachgehalten. Er weist auf eine die sichtbare Welt überschreitende Wirklichkeit hin.

Der Sabbat ist „das Fest der Schöpfung“[15]. Ja, die ganze Schöpfung ist um des Sabbats willen gemacht. In ihm vollendet sich die Schöpfung. In ihm kommt sie an ihr Ziel. In ihm wird sie hineingezogen in die ewige Gegenwart Gottes. Sie soll Anteil haben an seiner Herrlichkeit. Daß dies nicht ohne Erlösung geht, wird vom Alten und Neuen Testament her deutlich. Wir sind darum berechtigt, davon zu sprechen, daß die ganze Schöpfung um der Erlösung willen geschehen ist:

„Der Sabbat ist das Fest der Schöpfung, aber einer Schöpfung, die um der Erlösung willen geschah. Er ist offenbar am Ende der Schöpfung und als der Schöpfung Sinn und Ziel[16]."

Viel zu lange haben wir in der abendländischen Christenheit die Offenheit der Schöpfung für eine neue Zukunft übersehen oder verdrängt. Statt dessen haben wir allein den sichtbaren Teil ihrer Wirklichkeit erforscht. Entsprechend haben wir sie nur als Werk Gottes gesehen, das er uns zur Herrschaft übergeben hat. Arbeit und Leistung wurden zu den wichtigsten Werten abendländischer Gesellschaften. Viel zu lange haben wir das Ziel der Welt im Fest der Erlösung übersehen. In ihm kommen Schöpfung der Welt und Versöhnung des Menschen durch Christus zusammen. Ergebnis ist eine neue Schöpfung, der Gott selbst einwohnen wird. „Gott wird bei ihnen wohnen, und sie werden sein Volk sein, und er selbst, Gott mit ihnen, wird ihr Gott sein" (Offenbarung 21, 3). Der Seher Johannes gebraucht im gleichen Zusammenhang Bilder eines Hochzeitsfestes: Das neue Jerusalem, die Gemeinde Jesu Christi, die erneuerte Menschheit, wird bereitet sein wie eine geschmückte Braut für ihren Mann (Offenbarung 21, 2).

Angesichts der Herrlichkeit Gottes haben die alte Erde und der alte Himmel keinen Platz mehr (Offenbarung 20, 11). An ihre Stelle treten der neue Himmel und die neue Erde. Kontinuität besitzt diese neue Welt Gottes mit der alten darin, daß es derselbe Gott ist, der sie in Händen hält. Bei aller Kontinuität unterscheidet sie sich jedoch so sehr von der bisherigen Welt, daß der Seher Johannes – wie auch die übrigen biblischen Autoren – nur in Bildern von ihr reden können. Offenbarung 21, 1: „Der alte Himmel und die alte Erde sind vergangen."

5. Leben im Angesicht der Ewigkeit

Was können wir als Christen tun, um zu einem angemessenen Gebrauch der Güter der Schöpfung zu gelangen? Wie können wir zu einem Lebensstil der Haushalterschaft zurückfinden? Zuallererst sollten wir als vom Rationalismus geprägte Abendländer neu das Staunen lernen. Nicht zu Unrecht meinte Plato, daß der Anfang aller Erkenntnis das denkende Anschauen der Welt sei. Das Staunen ist die Antwort des Menschen auf das Geheimnis der Dinge, die ihm gegenübertreten. Nicht nur der Mensch übersteigt den Menschen unendlich, auch die übrige geschaffene Welt birgt in sich ein Geheimnis, das nicht durch rationales Messen und Zählen entschlüsselt werden kann. Der aufklärerische Europäer ist dem Wahn verfallen, durch Naturwissenschaft und Technik dieses Geheimnis enträtseln zu können. Es geht darum „Ehrfurcht, die nach oben schaut und die voller Vertrauen ist“[17], neu zu lernen. Sie allein ist zusammen mit dem Staunen die der Schöpfung angemessene Haltung des Menschen. Staunen und Ehrfurcht rufen Lebendigkeit, Inspiration und Freude hervor. Fehlen sie, so breiten sich Zynismus, Einsamkeit und Kälte aus.[18] In den Dingen leuchtet etwas von der Schöpfungslichtkraft Gottes auf: „Die Himmel erzählen die Ehre Gottes, und die Feste verkündet seiner Hände Werk“ (Psalm 19, 2). Die Schöpfung ist wie ein Spiegel, in der sich diese Schöpfungslichtkraft Gottes bricht und widerspiegelt. Auch im kleinsten und unbedeutendsten Ding leuchtet für den, der Augen dafür hat, etwas von Gottes schöpferischer Urkraft auf: „Kein Stäublein ist so schlecht, kein Tüpfchen ist so klein, der Weise siehet Gott ganz herrlich drine sein“ (Angelus Silesius).[19] Die Schöpfung weist über sich hinaus auf ihren Schöpfer. Genau in diesem Hinweischarakter liegt ihr Geheimnis.

Anstelle protestantischer Mäkelei und Muffigkeit sollte weiter die *Dankbarkeit* treten. Wir empfangen die Gaben der Schöpfung nicht aus eigener Hand, sondern aus der Hand des Schöpfers. Der Mensch ist nicht Herr und Besitzer der Natur, wie René Descartes gelehrt hat. Durch die Dankbarkeit gibt es keine Unmittelbarkeit mehr zu den Dingen der Welt. Sie stehen uns nur mittelbar, eben durch Gottes Güte zur Verfügung. Das bewahrt davor, sein Herz an die geschaffenen Dinge zu hängen, aus ihnen einen Abgott zu machen. „Hängt das Herz etwas anderem nach, von dem es sich mehr Gutes und Hilfe verspricht als von Gott, dann hast Du einen anderen, einen Abgott“ (Martin Luther, Großer Katechismus). Materialismus und Mammonismus sind die Abgötter unserer Gesellschaft! Auch gegenüber unseren Mitmenschen und ihrer Arbeit, ja selbst gegenüber den Mitgeschöpfen und ihrem Wirken verändert die Dankbarkeit das Lebensgefühl. Schreite ich über eine Brücke, so kann ich mit Dankbarkeit an die Arbeit der Brückenbauer denken. Esse ich Salz oder verbrenne Kohle, so kann mein Herz weit werden über die Arbeit der Bergmänner, die mir den Gebrauch dieser

Dinge ermöglicht haben. Dankbarkeit bringt Freude ins Leben hinein, erneuert die Lebenskräfte und befreit zum Staunen.

Ein Leben als Haushalter der mancherlei Gaben Gottes bedeutet immer auch die Bereitschaft, Verantwortung für andere zu übernehmen. An erster Stelle wird hier die Verantwortung für die unmittelbaren Mitmenschen stehen: in der Familie, am Arbeitsplatz, in der Gemeinde. Es ist gut, sich immer wieder einmal klarzumachen: „Der Nächste steht uns in Wahrheit nicht im Wege, sondern er steht am Rand des Abgrunds, als Schutzengel, der uns hindert, aus den Realitäten hinaus in die Illusion zu treiben“ (Paul Schütz). Darüber hinaus wird mein Blick sich weiten zu künftigen Generationen hin: „Die letzte verantwortliche Frage ist nicht, wie ich mich heroisch aus der Affäre ziehe, sondern wie eine kommende Generation weiterleben soll“, so hat schon Bonhoeffer während des zweiten Weltkrieges in einem Rechenschaftsbericht geschrieben. Damit das Weiterleben kommender Generationen möglich ist, wird eine Verantwortungsübernahme für meine Mitwelt insgesamt unumgänglich.

Dabei bin ich mir durchaus bewußt, daß ich als einzelner in meinem Wirkungsradius nur sehr begrenzt bin. Allerdings: ich kann zum Friedensstifter im Kleinen werden und in der Fürbitte die Anliegen im Großen auf mein Herz nehmen. Zudem gilt immer noch das alte Sprichwort: Große Türen drehen sich in kleinen Angeln. Als Gemeinschaft der Offensive Junger Christen haben uns die Forschungsarbeiten von Theophil Spoerri über Grundkräfte der europäischen Geschichte gelehrt, daß immer nur schöpferische Minderheiten Träger der Antwort auf Herausforderungen der Geschichte gewesen sind. Diese Minderheiten hatten so viel ansteckende Kraft, daß sie die Masse innerlich mitreißen konnten. „Alle Akte sozialer Schöpfung sind das Werk entweder individueller Schöpfer oder schöpferischer Minderheiten“[20].

Schließlich gehört zu einem Lebensstil sub specie aeternitatis eine frohe Askese. „Alles, was nicht im Dienst steht, steht im Raub“ (Martin Luther). Askese an sich verfällt der Lächerlichkeit, könnte man in Abwandlung eines Wortes von Dietrich Bonhoeffer sagen. Es geht um einen freiwilligen Verzicht, der im Dienste Gottes und der Mitmenschen steht. Dabei bietet er die Möglichkeit zu einer ungeheuren Befreiung des Menschen. Ein Mensch, der gelernt hat, froh zu verzichten, ist eine Wohltat für seine Umgebung. Er ist weder ein Spielball seiner Triebe noch seiner Gefühle. Er ist ein zuchtvoller Mensch, zu dem man Vertrauen haben kann.[21] Askese in diesem Sinne ist nichts Muffiges, sondern eine glutvoll-lebendige Angelegenheit. In dem Moment, wo ein Mensch damit Ernst macht, daß Christus Mitte seines Lebens ist, wird er sowohl frei zum dankbaren Genuß wie auch zum fröhlichen Verzicht. Erst von hier aus leuchtet die Aussage des Apostels Paulus auf: „Ich kann niedrig sein und kann hoch sein; mir ist alles und jedes vertraut: beides, satt sein und hungern, beides, Überfluß haben und Mangel leiden; ich vermag alles durch den, der mich mächtig macht" (Phil 4, 12f).

Schluß

Ich möchte schließen mit einem Gebet von Dietrich Bonhoeffer, das er Weihnachten 1943 in der Zelle für Mitgefangene geschrieben hat:

„Heiliger Geist, gib mir den Glauben,
der mich vor Verzweiflung, Süchten und Laster rettet.
Gib mir die Liebe zu Gott und den Menschen,
die allen Haß und Bitterkeit vertilgt,
gib mir die Hoffnung, die mich befreit von
Furcht und Verzagtheit.“

Literaturverzeichnis:

C. Amery: Das Ende der Vorsehung. Die gnadenlosen Folgen des Christentums, Hamburg 1972

Ernst Bloch: Das Prinzip Hoffnung, Frankfurt 1959

Eugen Drewermann: Der tödliche Fortschritt. Von der Zerstörung der Erde und des Menschen im Erbe des Christentums, 1981^1

Tatjana Goritschewa: Unaufhörlich sucht der Mensch das Glück. Eine Reise der Seele, Freiburg 1992

Richard Haug: Christus und die Schöpfung, Stuttgart 1985

Jürgen Moltmann: Gott in der Schöpfung. Ökologische Schöpfungslehre, München 1987^3

Gerhard Rödding: Harmonie und Disharmonie. Über die Verwechslung von Schöpfung und Natur, in: Zeitwende 62 (1991), 1

Manfred Seitz: Ev. Askese, Bensheim 1972

Theophil Spoerri: Grundkräfte der europäischen Geschichte, in: Anstiftungen. Chronik aus 20 Jahren OJC, hrsg. von Horst-Klaus und Irmela Hofmann, Moers 1988

Fußnoten

1 vgl. Eugen Drewermann: Der tödliche Fortschritt. Von der Zerstörung der Erde und des Menschen im Erbe des Christentums", 1981^1

2 vgl. Jürgen Moltmann: Gott in der Schöpfung. Ökologische Schöpfungslehre, München 1987^3, S. 40.

3 vgl. a.a.O., S. 40f.

4 vgl. ebd., S. 41.

5 vgl. C. Amery: Das Ende der Vorsehung. Die gnadenlosen Folgen des Christentums, Hamburg 1972, S. 15ff; vgl. Moltmann, a.a.O., S. 43.

6 vgl. Moltmann, a.a.O., 44.

7 vgl. Gerhard Rödding: Harmonie und Disharmonie. Über die Verwechslung von Schöpfung und Natur, in: Zeitwende 62 (1991), 1, S. 7.

8 vgl. Moltmann, a.a.O., S. 53.

9 vgl. ebd., S. 58.
10 Ernst Bloch: Das Prinzip Hoffnung, Frankfurt 1959, S. 814.
11 Jürgen Moltmann, a.a.O., S. 79.
12 ebd., S. 79f.
13 ebd., S. 80.
14 Franz Rosenzweig: Der Stern der Erlösung, 3. Teil, 1. Buch, Heidelberg 1959, S. 69, zitiert nach Jürgen Moltmann, a.a.O., S. 280.
15 ebd.
16 ebd.
17 Tatjana Goritschewa: Unaufhörlich sucht der Mensch das Glück. Eine Reise der Seele, Freiburg 1992, S. 109.
18 vgl. ebd.
19 Vgl. in diesem Zusammenhang Richard Haug: Christus und die Schöpfung, Stuttgart 1985, S. 9ff.
20 Toynbee, zitiert nach: Theophil Spoerri: Grundkräfte der europäischen Geschichte, in: Anstiftungen. Chronik aus 20 Jahren OJC, hrsg. von Horst-Klaus und Irmela Hofmann, Moers 1988, S. 439f.
21 vgl. Manfred Seitz: Ev. Askese, Bensheim 1972, S. 12.

Die Autoren

Diplom-Kaufmann Silke Brohl
Mitglied des Vorstands der GWE aus Burghausen

Universitätsdozent Mag. Dr. Karl Farmer
Dozent für Volkswirtschaftslehre und Assistenzprofessor an der Karl-Franzens-Universität Graz

Professor Werner Lachmann, Ph.D.
Ordinarius für Volkswirtschaftslehre, insbesondere Wirtschafts- und Entwicklungspolitik an der Friedrich-Alexander-Universität Erlangen-Nürnberg, Nürnberg, Vorsitzender der Gesellschaft zur Förderung von Wirtschaftswissenschaften und Ethik e.V.

Professor Dr. Werner Lanz
Professor für Forstwirtschaftslehre an der Fachhochschule in Göttingen; heute freiberuflich tätig als Forstberater

Diplom-Informatiker Peter Schneider
Doktorand der Volkswirtschaftslehre an der Universität Mainz, stellvertretender Sprecher der ÖDP-Bundesprogrammkommission

Diplom-Kaufmann Marco Steih
Wissenschaftlicher Mitarbeiter am Lehrstuhl für Industriebetriebslehre an der Johann-Wolfgang-Goethe-Universität Frankfurt/Main

Dr. theol. Peter Zimmerling
Pfarrer der Offensive Junger Christen aus Reichelsheim/Odenwald, Lehrbeauftragter an der Universität Mannheim

Die Gesellschaft zur Förderung von Wirtschaftswissenschaften und Ethik e.V. (GWE) wurde 1988 gegründet und verfolgt die Aufgabe, Forschung und Lehre in den Wirtschaftswissenschaften auf der Grundlage einer Ethik, die auf dem biblischen Welt- und Menschenbild beruht, zu betreiben und zu fördern.

Kontaktadresse:

GWE e.V.
Wacholderweg 6
91154 Roth-Bernlohe